Aufbaugymnastik

Verletzungen vorbeugen
und behandeln

Die Reihe *Fit und Gesund* wurde von Rebus Inc. entwickelt und von Time-Life Books veröffentlicht. Originaltitel: *Fitness, Health & Nutrition*.

REBUS, Inc.

Verleger: RODNEY FRIEDMAN

Redaktion: CHARLES L. MEE JR., THOMAS DICKEY, SUSAN BRONSON, WILLIAM DUNNETT, MARY CROWLEY, CARL LOWE, JACQUELINE DAMIAN, LINDA EPSTEIN

Design: JUDITH HENRY, DEBORAH RAGASTO
Photos: STEVEN MAYS, NOLA LOPEZ, TIMOTHY JEFFS

Rezeptteil: GRACE YOUNG, BONNIE J. SLOTNICK, MARYA DALRYMPLE, CARNEY W. MIMMS, PENELOPE CLARK

TIME-LIFE BÜCHER

Leitung der europäischen Redaktion: ELLEN PHILLIPS
Direktor des Designs: ED SKYNER
Leitung der Administration: SAMANTHA HILL
Chef-Assistentin: ILSE GRAY
Stellvertretende Direktorin des Designs: MARY STAPLES

Leitung der deutschen Redaktion:
MARIANNE TÖLLE
Textredaktion: GERTRAUD BELLON, ULLA DORNBERG

Aus dem Englischen übertragen von
BETTINA BLANK; ANDREA HAMANN (Rezeptteil)

FIT UND GESUND

Aufbaugymnastik

Verletzungen vorbeugen und behandeln

Time-Life Bücher, Amsterdam

FACHBERATER DIESES BANDES

Dr. med. Christian Raab, Internist, ist Chefarzt am Krankenhaus Schongau. Er hat Schriften über Sportphysiologie und Wettkampfernährung verfaßt und betreibt selbst aktiv Wettkampfsport.

Agnes Kronschnabl ist staatlich geprüfte Hauswirtschaftsleiterin und staatlich geprüfte Diätassistentin. Sie arbeitete als Beraterin der Bayerischen Hausfrauenvereinigung in München und als Vertreterin der Diätleitung am Klinikum Großhadern, Ludwig-Maximilians-Universität München. Sie hält Koch- und Lehrkurse in Diätetik und Ernährungslehre ab.

Josef Geldwert, Doctor of Podiatric Medicine im Department of Orthopedics des Mt. Sinai Hospital, ist Spezialist für die Behandlung von Sportverletzungen.

Stanley L. James, M. D., ist Clinical Assistant Professor of Surgery an der Oregon Health Sciences University in Portland. Bei den Olympischen Spielen 1976 und 1980 leitete er die medizinische Betreuung der US-amerikanischen Mannschaft.

Jeffey Minkoff, M. D., Orthopäde und Chirurg, ist Associate Professor of Orthopedics und Director of Sports Fellowships an der New York University.

Allan J. Ryan, M. D., war früher Chefredakteur der Zeitschriften *The Physician and Sportsmedicine* und *Postgraduate Medicine* und ist heute Chefredakteur des *Fitness in Business Magazine*.

Ann Grandjean, Ed. D., ist leitende Ernährungsberaterin des US-olympischen Komitees und hat einen Lehrauftrag im Rahmen des Sports Medicine Program am University of Nebraska Medical Center.

John White, Ph. D., ist Dozent für Humanwissenschaft am West London Institute of Higher Education.

Myron Winick, M. D., ist Professor für Ernährungswissenschaften am Columbia University College of Physicians and Surgeons, New York.

Bei der Zusammenstellung der Übungsfolgen in diesem Band waren folgende Fachberater beteiligt:

Kenneth A. Allwood ist staatlich geprüfter Heilgymnast und Spezialist für Sportmassage. Er lehrt Anatomie, Physiologie und medizinische Massage am Swedish Institute of Massage in New York City.

John Cavanaugh ist leitender Physiotherapeut und Ausbildungskoordinator am Sportsmedicine Performance and Research Center des Hospital for Special Surgey in New York City.

Kevin Kennedy ist Assistant Director am Sportsmedicine Performance and Research Center des Hospital for Special Surgery in New York City.

Second German printing 1991.

ISBN 90-6182-959-3

Dieses Buch ist nicht als medizinischer Ratgeber gedacht, noch kann es die Beratung eines Arztes ersetzen. Den Lesern wird empfohlen, vor Aufnahme eines intensiven Trainingsprogramms den Rat eines Arztes einzuholen. Dies ist besonders angezeigt, wenn Verdacht auf spezifische medizinische Störungen besteht.

Inhalt

KAPITEL EINS

Schmerz verstehen und lindern

Wie und warum Verletzungen auftreten; Überlastungsschäden und Unfallverletzungen; Tips für rasche Heilung

Seit immer mehr Menschen erkannt haben, daß regelmäßige sportliche Aktivität der Gesundheit dient, erfreuen sich Sportarten wie Laufen, Radfahren, Schwimmen, Skifahren, Gewichttraining, Aerobic usw. einer stetig wachsenden Beliebtheit. Zwar wird durch sportliche Betätigung die körperliche Fitness verbessert, doch können auch Beschwerden und Verletzungen ausgelöst werden. Einige dieser Verletzungen, ein verstauchter Knöchel etwa, sind sofort erkennbar, während andere eher harmlos, z. B. als Überempfindlichkeit einer bestimmten Körperstelle, beginnen und erst mit der Zeit ihre wirkliche Tragweite enthüllen. Zwar führt sportliche Beanspruchung bei inkorrekter Durchführung mitunter zu Verletzungen, doch können durch gezielte Kräftigung eine Vielzahl von Verletzungen vermieden bzw. schneller kuriert werden. Das vorliegende Kapitel liefert wichtige Einblicke in Entstehung, Wesen und Behandlung von Verletzungen. Die drei nachfolgenden Kapitel zeigen Wege zur Rehabilitation und Kräftigung verletzungsanfälliger Körperbereiche.

Verletzungshäufigkeit: Überlastungsschäden und Unfallverletzungen

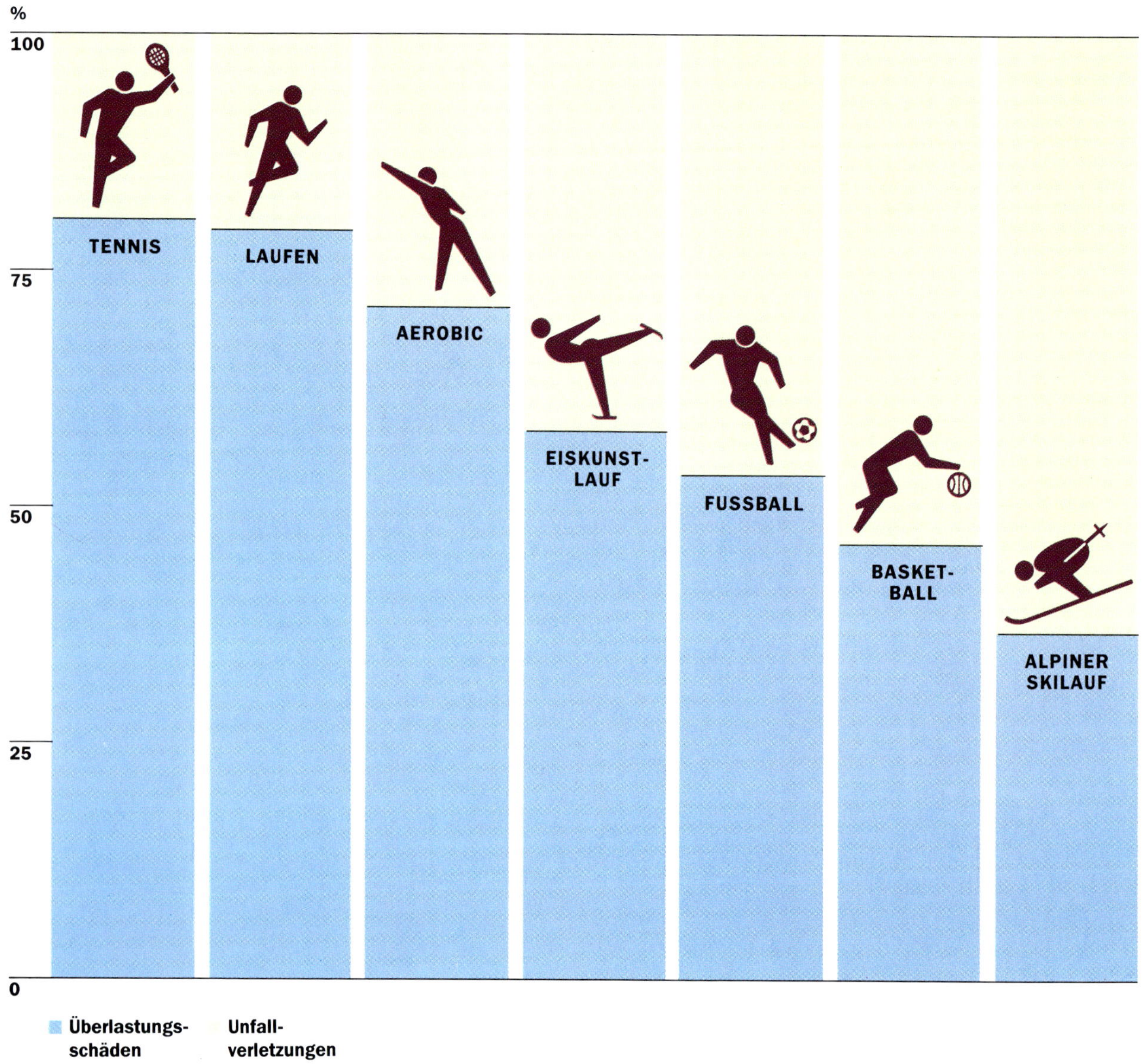

Freizeitsportler sind für Überlastungsschäden infolge schleichender Überbeanspruchung von Muskeln, Sehnen und Bänder wesentlich anfälliger als für Unfallverletzungen wie Verstauchungen und Knochenbrüche. Die Graphik oben, die auf mehr als 10 000 im Zusammenhang mit Sport registrierten Schädigungen gründet, macht deutlich, daß bei sämtlichen sportlichen Aktivitäten, von Basketball und alpinem Skilauf abgesehen, Überlastungsschäden weitaus häufiger sind als Unfallverletzungen.

Warum kommt es bei Sportausübung zu Verletzungen?

Durch sportliche Betätigung werden die Muskeln bewußt beansprucht. Nach einiger Zeit führt regelmäßige sportliche Beanspruchung zu Zustandsveränderungen im Muskelgewebe, darunter einem Zuwachs an Ausdauervermögen und Muskelkraft.

Währenddessen können zwei Arten von Verletzungen auftreten. Unfallverletzungen sind immer Folge einer unvorhergesehenen Krafteinwirkung auf den Körper, die unverzüglich zu Schmerz und Schwellung führt. Auch wenn Muskeln kräftemäßig überfordert werden, treten häufig Verletzungen auf. Ein Bodybuilder etwa, der versucht, ein Gewicht von mehr als 100 kg zu stemmen, riskiert Risse in den Bizepsmuskeln oder den daran ansetzenden Sehnen. Zerrungen und Risse der Bänder, den die einzelnen Knochen zusammenhaltenden Gewebesträngen, gehören ebenfalls in die Gruppe der Unfallverletzungen. Die Gefahr einer Bänderzerrung besteht beispielsweise, wenn man versehentlich in ein Schlagloch tritt und sich dabei den Fuß verstaucht. Das größte Unfallrisiko besteht bei Sportarten mit direktem Gegnerkontakt und bei Menschen, die ihre sportlichen Fähigkeiten überschätzen.

Wer regelmäßig Übungen macht, um damit vor allem seine aerobe Ausdauer zu steigern oder seine Muskeln gezielt zu kräftigen und straffen, neigt dagegen eher zu Überlastungsschäden, die zumeist nur unmittelbar nach dem Training schmerzhaft sind. Oft genügt schon eine einzige, mit hoher Intensität durchgeführte Übungseinheit, um winzige Gewebsabschnitte zu verletzen und Muskelfasern oder bindegewebige Sehnen und Bänder in Mitleidenschaft zu ziehen. Diese Gewebsabschnitte sind dann entsprechend geschwächt, und fortgesetztes Training über Tage oder Wochen verschlimmert den Zustand und führt unausweichlich zu Überlastungsschäden – zumeist einer Entzündung der überlasteten Bänder. Bei erstmaligem Auftreten lassen sich Überlastungsschäden durch Ruhigstellung und andere in diesem Buch erläuterte rehabilitative Techniken weitgehend kurieren. Werden sie jedoch übergangen, können sie zu schwerwiegenderen Schädigungen führen.

Welche Sportarten führen zu Verletzungen?

Bei Sportarten mit direktem Gegnerkontakt, wie Fußball oder Ringen, sind Stürze oder Zusammenstöße, die mit beträchtlichen Erschütterungen einhergehen, unvermeidlich. Häufiges Resultat sind Blutergüsse, Gehirnerschütterungen, Verstauchungen und Knochenbrüche. Optimale Ausrüstung und körperliche Kondition sind der beste Schutz.

Auch Sportarten ohne direkten Gegnerkontakt, dafür mit ständigen Wechseln zwischen Abbrems- und Antrittsphasen – wie Tennis oder Volleyball – bergen eigene Risiken, ähnlich wie Laufen und Radfahren als aerobe Trainingsformen. Verletzungsrisiko und Art der auftretenden Verletzungen sind je nach Sportart unterschiedlich. In der Sportmedizin geht man davon aus, daß mindestens zwei Drittel aller Verletzungen bei Sportarten mit direktem Gegnerkontakt Unfallverletzungen sind, während es bei Ausdauersportarten zu zwei Dritteln oder mehr Überlastungsschäden sind. Auf S. 31 ist aufgelistet, welche die gängigsten Freizeitsportarten und die häufigsten Verletzungsarten sind.

Welches sind erste Anzeichen einer Verletzung?

Während sportlicher Beanspruchung sendet der Körper in Form von Ziehen oder Zwicken unentwegt Signale an das Großhirn. Die meisten von ihnen bedeuten nichts weiter als die normale Reaktion des Körpers auf sportliche Beanspruchung, nämlich den die Schmerzrezeptoren stimulierenden Aufbau von Milchsäure und Kalium im Muskel. Bei regelmäßiger sportlicher Betätigung stellt der Körper sich allmählich auf die Belastung ein und reagiert mit gesteigerter Leistungsfähigkeit.

Folgende vier Symptome lassen auf ernstere Verletzungen schließen: Knochen- oder Gelenkschmerzen; starker Muskelschmerz, häufig verbunden mit Muskelkrampf und Muskelschwellung; ausgeprägte Gelenksteifheit mit eingeschränktem Bewegungsradius; sensorische Veränderungen, wie Taubheit oder Kribbeln in Händen oder Füßen. Ist eines dieser Symptome vorhanden, sollte das Training abgebrochen werden. Bei sich verschlimmernden Symptomen oder Zweifeln hinsichtlich der körperlichen Kondition ist ein praktischer Arzt oder Sportmediziner aufzusuchen. Auf keinen Fall sollten die Symptome übergangen oder mit schmerzstillenden Mitteln betäubt werden, da dies zu schwerwiegenderen Schädigungen führen kann.

Wie kann man ohne Verletzungsgefahr fit werden?

Am sichersten verhindert man Verletzungen, indem man die Gewebe nie so sehr beansprucht, daß sie sich selbst nicht mehr regenerieren können. Deshalb muß man langsam mit dem Trainingsprogramm beginnen. Man sollte dem Körper zwischen zwei Trainingsfolgen immer einen Tag zur Erholung lassen und die Trainingsintensität nur ganz allmählich steigern: Die Steigerungsrate sollte dabei wöchentlich nicht mehr als 10 Prozent betragen. Wer seine aerobe Ausdauer steigern will, sollte an drei Tagen der Woche mindestens 20 Minuten aerob trainieren. Das Training sollte von fünf Minuten Aufwärmen eingeleitet und mit einer fünfminütigen Abkühlphase beendet werden. Wer mit Gewichten arbeitet, sollte sich ein Programm zusammenstellen, das maximal zwölf verschiedene, dreimal wöchentlich durchgeführte Übungen enthält. Jede Übung wird acht- bis zwölfmal wiederholt, wobei nach der letzten Wiederholung eine kurze Pause erfolgt. Man lernt erst nach einiger Zeit einzuschätzen, wieviel Anstrengung dem Körper gerade noch guttut und was bereits zuviel ist. Deshalb gilt insbesondere für Trainingsneulinge, daß sie sich anfangs nicht zuviel zumuten. (Im übrigen sollte jeder, der sich aus irgendeinem Grunde in ärztlicher Behandlung befindet oder älter als 35 ist und seit einem Jahr oder länger keinen Sport mehr getrieben hat, vor Aufnahme eines Fitness-Programms den Arzt um Rat fragen.)

Aber heißt es nicht „Ohne Fleiß kein Preis"?

Spitzensportler trainieren mit größter Intensität, so daß Leistungsoptimierung und Verletzung meist gefährlich eng beieinanderliegen. Schmerzen dienen ihnen dabei als Indiz für Leistungssteigerung und als Warnsignal vor drohenden Verletzungen. Doch auch wer sich mit geringeren Trainingsanforderungen begnügt, lernt mit der Zeit, zwischen einem lediglich unangenehmen Gefühl als normale Folge körperlicher Anstrengung und tatsächlichem, auf eine Verletzung hindeutenden Schmerz zu unterscheiden. Die im vorliegenden Buch enthaltenen Informationen helfen, diese Unterscheidungsfähigkeit auszubilden. In jedem Fall gilt, daß Aufbautraining niemals als masochistische Quälerei betrieben werden sollte. Treten Schmerzen auf, ist das Training sofort zu beenden. Glücklicherweise ist der menschliche Körper mit einem Sicherheitsmechanismus ausgerüstet, indem die Spanne zwischen Schmerzempfindung und tatsächlicher Verletzung recht groß ist. Eine Schmerzform, der sogenannte ischämische Schmerz, setzt ein, wenn das Muskel-

Die zehn häufigsten Sportverletzungen

Schulterschmerz
Risse in Muskelfasern oder den an den Schulterknochen ansetzenden Sehnen. Vorwiegend durch Muskelüberdehnung ausgelöst.

Tennis-Ellenbogen
Schmerzen an der Außenseite des Unterarms und im Ellenbogen. Ursache ist eine Entzündung am Ansatzpunkt der Unterarmmuskelsehnen am Ellenbogenknochen.

Schenkelbindenspanner-schmerz
Durch Entzündung hervorgerufener, stechender Schmerz unterhalb der Knieaußenseite am Ansatz des Schenkelbindenspanners, der das Knie stabilisiert. Es ist ein bei Läufern häufiger Überlastungsschaden.

Kniebeugerzerrung
Risse in Muskelfasern oder Sehnen im Bereich der Kniebeuger an der Oberschenkelrückseite.

Läufer-Knie
Schmerzen im Kniescheibenbereich, oft hervorgerufen durch schwache Quadrizepsmuskeln an der Oberschenkelvorderseite und Weggleiten der Kniescheibe aus dem Oberschenkelgleitlager.

Schienbeinschmerz
Reizzustand aufgrund von Entzündung oder winzigen Rissen in der Knochenhaut und den Schienbeinmuskeln. Vorwiegend ausgelöst durch wiederholte Belastung bei Jogging und Aerobic.

Ermudungsbruch
Mikroskopisch feine Knochenbrüche infolge fortgesetzter Überbeanspruchung durch Laufen und durch andere belastungsintensive Sportformen.

Knöchelverstauchung
Bänderzerrung oder -riß, oft als Folge von zu hartem Aufprall oder von Fußumknicken.

Achillessehnen-entzündung
Entzündlicher Reizzustand der Achillessehne direkt über der Ferse; oft durch schwache Wadenmuskeln verursacht.

Fersensporn
Durch Entzündung hervorgerufener Schmerz im Fußsohlenbereich. Hauptursache sind schlechtsitzende und aus zu hartem Material gefertigte Schuhe.

Fußstellung beim Laufen

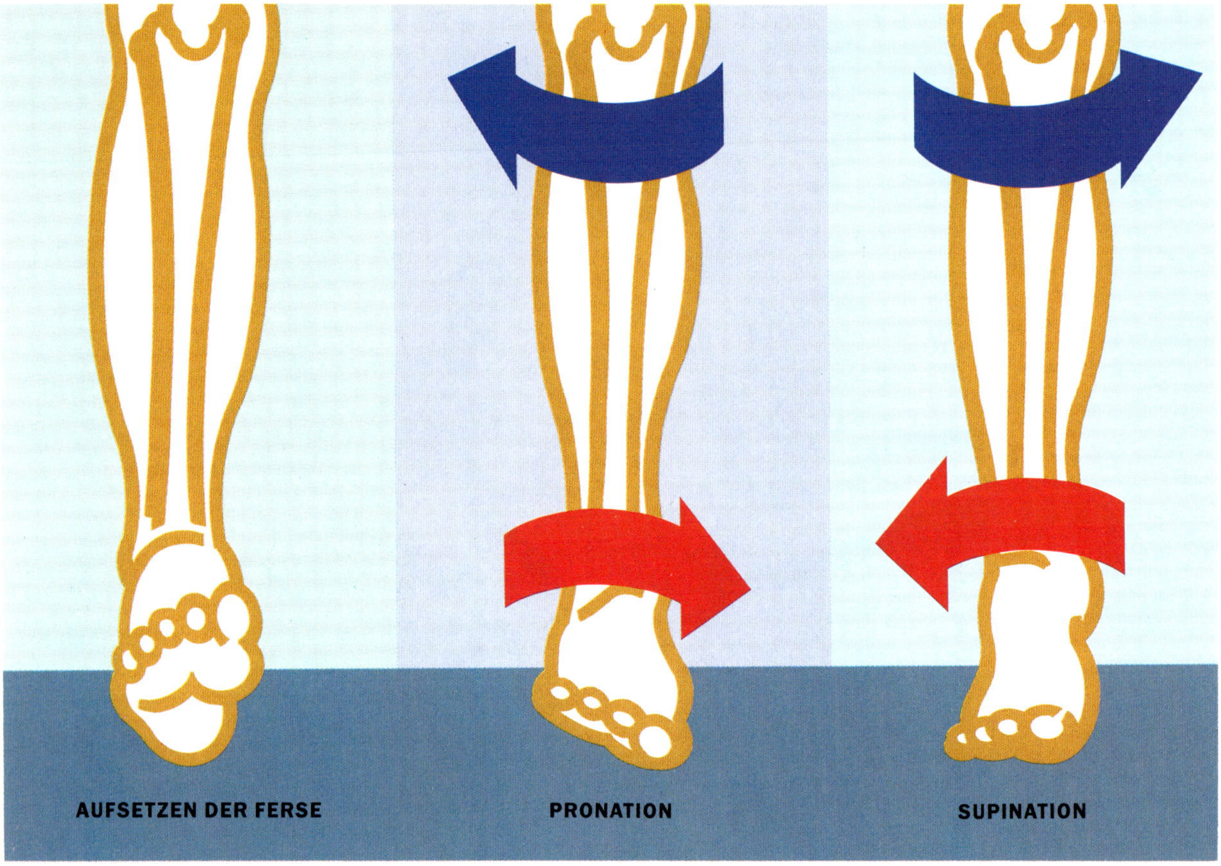

Die Abbildungen oben zeigen, wie die Belastung beim idealen Laufstil über den gesamten Fuß verteilt wird. Nach Aufsetzen der Ferse *(links)* wird sie in einer Abrollbewegung auf die Innenseite des Vorfußes verlagert, um den Aufprall zu dämpfen. Gleichzeitig zu dieser Einwärtsdrehung des Fußes (Pronation) wird das Knie nach außen gedreht. Anschließend setzt sich die Bewegung umgekehrt fort *(rechts):* Der Fuß befindet sich jetzt in Auswärtsdrehung (Supination), während das Knie nach innen dreht. Durch schlechtes Schuhwerk oder Fehlstellung von Füßen oder Beinen besteht bei vielen Menschen ein Hang zu extremer Pronation, was eine erhebliche Belastung für die Unterschenkel bedeutet *(Abbildung gegenüberliegende Seite)*.

gewebe mit zuwenig Blut oder Sauerstoff versorgt wird, um seine Funktion weiterhin voll erfüllen zu können. Ischämischen Schmerz verspürt man, wenn man sich mehr Liegestützen zumutet, als man gewohnt ist. Gesteigertes Schmerzempfinden bei den zusätzlichen Liegestützen sorgt meist dafür, daß die Übung abgebrochen wird, bevor man sich verletzt. Eine entsprechende Studie hat gezeigt, daß Testpersonen, die Klimmzüge ausführen sollten, aufgrund ischämischen Schmerzes von selbst mit den Übungen aufhörten, lange bevor die erforderliche Muskelkontraktion unmöglich geworden wäre. Also war Schmerz – und nicht Mangel an Kraft – Anlaß für den Abbruch der Übungen.

Ist Muskelkater ein Zeichen für Verletzung?

Muskelkater ist eine bei vielen Menschen während oder unmittelbar nach intensivem Training beobachtete Erscheinung. Es wird angenommen, daß er durch eine Ansammlung von Milchsäure und anderen Stoffwechselschlacken im Muskel entsteht. Gewöhnlich nehmen die Schmerzen nach kurzer Zeit wieder ab und verschwinden schließlich ganz.

Daneben kennt man in der Sportmedizin den sogenannten verspäteten Muskelkater, der erst zwischen ein und drei Tagen nach intensivem

Training einsetzt. Diese Form des Muskelschmerzes, die ebenso häufig bei sporadisch Sporttreibenden wie bei durchtrainierten Athleten nach heftiger Anstrengung auftritt, kann bis zu einer Woche und länger andauern. Sie ist vermutlich Folge angerissener oder überdehnter Muskel- oder Sehnenfasern. Obgleich einige Studien darauf hindeuten, daß verspäteter Muskelkater Muskelkraft und Ausdauer zeitweilig mindert, gibt es keinen Beleg für eine längerfristige Muskel- oder Bindegewebsschädigung. Sanfte Dehnübungen bringen etwas Linderung, obgleich man seit neuestem davon ausgeht, daß ein schneller und bleibender Abbau von Muskelkater am ehesten durch eine Fortführung der verantwortlichen Übungen mit verringerter Intensität erreicht wird.

Sind Muskelkrämpfe und Seitenstechen als Verletzungen anzusehen?
Viele Wissenschaftler glauben, Muskelkrämpfe seien eine Folge intensiver sportlicher Anstrengung, die das Gleichgewicht von Natrium, Kalium und Chlorid in und um die Muskelfasern stört. Indes läßt sich die exakte Ursache nur schwer feststellen, da die Krämpfe dann, wenn die Mineralstoffkonzentrationen gemessen werden könnten, meist wieder verschwunden sind. Krämpfe treten häufig im Wadenmuskel auf, und zwar während oder nach starker Beanspruchung. Dehnübungen oder Eismassage *(S. 38–39)* sind wirksame Gegenmittel.

Die Mehrzahl sportlich aktiver Menschen – insbesondere Langstreckenläufer – leiden hin und wieder unter Seitenstechen. Es wird meistens als stechendes Zucken in der oberen rechten Bauchhälfte wahrgenommen. Jedoch fallen Symptome und Schmerzintensität von Person zu Person unterschiedlich aus.

Obgleich keine Einigkeit über die Ursache von Seitenstechen herrscht, lautet eine mögliche Erklärung, dem Zwerchfell stehe, bedingt durch intensive sportliche Anstrengung, nur unzureichend Blut zur Verfügung, weshalb es zu zucken beginne. Nach einer anderen Theorie sollen Luftansammlungen im Kolon, dem Hauptteil des Dickdarms, für das Seitenstechen verantwortlich sein. Fest steht, daß Seitenstechen zu keinen bleibenden Schäden führt: Es verschwindet meist rasch, sobald man mit den Übungen aufhört und auf eine ruhige, gleichmäßige Atmung achtet oder die Hand auf die Stelle legt und diese leicht massiert.

Chronische, nach Trainingsbeendigung fortdauernde Schmerzen in der Bauchgegend haben möglicherweise ernstere Ursachen und sollten daher fachärztlich diagnostiziert und behandelt werden.

Warum treten bei manchen Menschen Überlastungsschäden auf, während schlechter konditionierte verschont bleiben?
Ein gesunder Körper wird während des Laufens und Springens mit enormen Belastungen fertig. Üblicherweise werden Aufprall und Erschütterung auf den gesamten Muskel- und Knochenapparat verteilt, so daß eine Verletzung immer dann eintritt, wenn einzelne Teile des Körpers die Stoßwellen nicht richtig abfangen und weitergeben, wodurch es zu Belastungskonzentrationen kommt. Oftmals entstehen Überlastungsschäden aus einem leichten biomechanischen Defekt, etwa dem

Laufen Sie richtig?

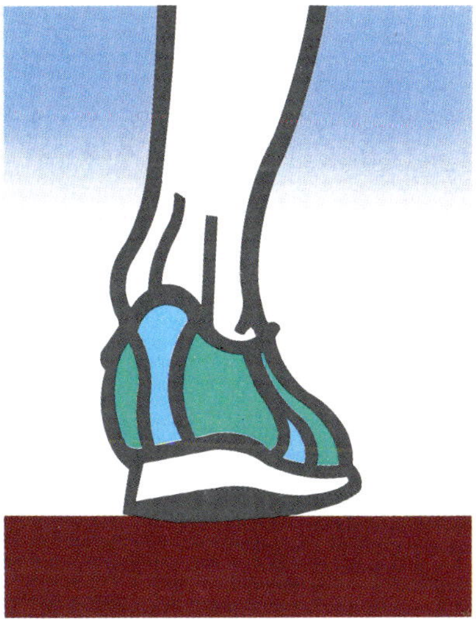

Zahlreiche Läufer setzen während des Laufens den Fuß zu weit nach innen ab. Durch diese unbewußte Fehlstellung bzw. eine zu starke Pronation werden Muskeln, Sehnen und Knochen der Knie und Unterschenkel enorm belastet. Ursache ist häufig unzulängliches Schuhwerk. Sportschuhe, die bereits so weit abgelaufen sind, daß die Sohle an der Innenkante erkennbar dünner ist als außen, führen mit ziemlicher Sicherheit bald zu Überlastungsschäden. Derlei Schäden kann man vorbeugen, indem man spezielle Laufschuhe mit an der Innenseite verstärkter Sohle trägt.

Abwägen des Risikos

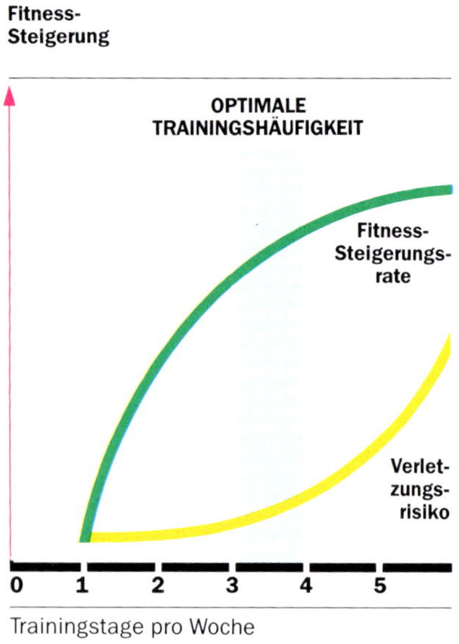

Wenngleich Verletzungen sich nie ganz ausschließen lassen, bringt regelmäßiger Sport den meisten Menschen, Herzpatienten eingeschlossen, Vorteile für die Gesundheit, die ungleich größer als die Risiken sind. Wie aus obigem Diagramm hervorgeht, das auf einer mit rekonvaleszenten Herzkranken durchgeführten Studie beruht, stieg die Verletzungsgefahr bei mehr als fünfmal die Woche trainierenden Testpersonen beträchtlich an. Die optimale Trainingshäufigkeit lag, mit niedriger Verletzungsrate und bemerkenswerten Fitness-Steigerungen, bei drei bis vier Tagen in der Woche.

Weggleiten der Kniescheibe aus dem Oberschenkelgleitlager oder einem kaum merklichen Haltungsfehler. Sogar kleinste – bei gesunden Menschen keineswegs ungewöhnliche – Anomalitäten können sich aufgrund wiederholter sportlicher Belastung zu Verletzungen entwickeln. So schätzt man, daß etwa 20 Prozent der Bevölkerung wegen Hohlfuß zu normaler Stoßabsorption nicht in der Lage sind. In ähnlicher Weise neigt die gleiche Prozentzahl bei Belastung zu einer für Füße, Knöchel und Beine schädlichen extremen Einwärtsdrehung des Fußes (Pronation). Um Verletzungen zu verursachen, müssen normalerweise weitere Faktoren hinzukommen, wie ausgetretene oder schlechtsitzende Sportschuhe oder ein zu schnell und zu intensiv betriebenes Sportprogramm. Bei angemessenem Trainingstempo und richtiger Ausrüstung können jedoch die meisten von solchen biomechanischen Defekten Betroffenen durchaus risikolos und leistungsstark trainieren. So haben beispielsweise Olympiasieger im 100-m-Lauf häufig Plattfüße.

Oft ist nicht einmal der Arzt – geschweige denn der Freizeitsportler als Nichtfachmann – in der Lage, die genauen Gründe für eine Verletzung zu erkennen. So entzieht sich beispielsweise der sogenannte „Schienbeinschmerz" bis jetzt einer erschöpfenden medizinischen Erklärung. Abgesehen von der Stelle, an der der Schmerz auftritt, haben die Betroffenen wenig gemeinsame körperliche Merkmale.

Wie schwerwiegend können Überlastungsschäden sein?

Im Anfangsstadium sind Überlastungsschäden in der Regel nicht gefährlich. Meist genügen eine Ruhepause und Verringerung der Trainingsintensität und -dauer, damit die Schmerzen nachlassen. Liegt eine Entzündung vor, sollte man auf Schwellungen achten *(S. 24–25)* und Aufbaugymnastik zur Steigerung von Kraft und Beweglichkeit ausführen.

Werden sie jedoch ignoriert, können sich Überlastungsschäden schnell zu ernsteren Krankheitsbildern entwickeln. Anfangs sind Überlastungsschäden meist nur nach dem Training schmerzhaft. Verschlimmern sich indes Entzündung und Gewebsschädigung, kann es während und nach der Sportausübung zu Schmerzen kommen. Setzt man dennoch sein Training fort, kann der Überlastungsschaden zu einer Unfallverletzung führen, die dann mit heftigeren Schmerzen und einer Einschränkung der Funktion verbunden ist. Eine Entzündung der Wadenmuskel und Fersenknochen verbindenden Achillessehne beispielsweise bedeutet bei Nichtbehandlung möglicherweise eine fortschreitende Sehnendegeneration und erfordert einen chirurgischen Eingriff.

Wie schützt man sich vor Verletzung?

Wichtig ist die sorgfältige Wahl von Ausrüstung und Schuhwerk. Ein häufiger Fehler ist Tragen von ungeeigneten oder ausgetretenen Sportschuhen. Physiologisch konstruierte Sportschuhe mit guter Federung sorgen dafür, daß viele belastungsinduzierte Schäden schneller überwunden werden. Man sollte unbedingt nur solche Sportschuhe tragen, die eigens für die jeweilige Sportart entwickelt wurden. Auf S. 23 finden sich nützliche Tips für den Kauf von Sportschuhen.

Jedoch ist nicht nur das Schuhwerk entscheidend, auch die übrige Ausrüstung will mit Bedacht gewählt sein. So kann man beispielsweise beim Radfahren die Gefahr einer Kniescheibenverletzung verringern, indem man auf korrekte Rahmen- und Sattelhöhe achtet. Zur Vermeidung von Schienbeinschmerz, Knöchel- und Kniescheibenverletzungen sollte auch bei Schuhen und Pedalhaken auf die richtige Größe geachtet werden. Gepolsterte Handschuhe und Rennhosen sind wichtig, um Schwielenbildung und Wundsitzen zu verhindern. Schließlich schützen Kunststoffhelme vor schweren Kopfverletzungen infolge eines Sturzes.

Oft sind Überlastungsschäden auch Folge falscher Trainingsgewohnheiten. Tägliches intensivstes Training ohne dazwischenliegende, weniger anstrengende Übungsfolgen sowie massive Belastungssteigerungen, wie eine plötzliche Verdopplung der Lauf- oder Radfahrstrecke, erhöhen das Verletzungsrisiko. Beides sollte vermieden werden.

Schließlich gibt es eine Reihe von Sportarten, die eine ungleiche Entwicklung der Muskulatur begünstigen, wodurch sich die Verletzungsgefahr nachweislich erhöht. Solche Ungleichentwicklungen können sowohl in verschiedenen Extremitäten wie auch in ein und derselben Extremität auftreten. Beim Fechten beispielsweise wird während des Ausfalls nur die Muskulatur des vorderen Beines – und hier speziell die Oberschenkelmuskulatur – entwickelt, während das hintere Bein kaum beansprucht wird. Solch isolierte Ausbildung einer Muskelgruppe in einem Bein birgt eine erhöhte Verletzungsgefahr für die weniger kräftige Muskelgruppe oder Extremität bei späterer Gleichbelastung.

Muskulärer Ungleichentwicklung beugt man vor, indem man gegenüberliegende Muskelgruppen und Gliedmaßen in der gleichen Weise kräftigt und dehnt. Sofern möglich, sind die im vorliegenden Buch gezeigten Übungen ihrer Reihenfolge nach so angeordnet, daß Übungen für gegenläufig wirkende Muskelgruppen in unmittelbarer Aufeinanderfolge erläutert werden.

Individuell angefertigte orthopädische Schuheinlagen sind wertvolle Hilfen zur Verletzungsverhütung. Studien haben gezeigt, daß solche Einlagen eine Extrempronation um 10 Prozent verringern können. Somit wird eine Reihe von Überlastungsschäden vermieden. Trotz solcher Hilfsmittel sind Freizeitsportler nicht gegen Beschwerden wie Schienbeinschmerz und Achillessehnenentzündung gefeit, die auf falsche Trainingsgewohnheiten, ungleich lange Beine und andere Faktoren zurückführbar sind.

Können auch Knochen von Überlastungsschäden betroffen sein?

Überlastungsschäden treten nicht nur in Muskeln, Sehnen und anderen Weichgeweben auf, sondern auch in den Knochen. Ermüdungsbrüche oder Stress-Frakturen sind haarfeine Knochenbrüche. Sie betreffen am häufigsten die gewichttragenden Knochen der Unterschenkel und Füße, wie den Schienbeinknochen *(Tibia)* und Mittelfußknochen. Basketballspieler, Langläufer und Ballettänzer sind bevorzugte Opfer.

Die Symptome eines Ermüdungsbruchs in der *Tibia* werden oftmals mit denen einer Schienbeinknochenhautreizung verwechselt, obgleich der Schmerz beim Ermüdungsbruch wesentlich zentrierter, nämlich genau an der Bruchstelle, auftritt. Gewöhnlich werden von einem Bruch herrührende Schmerzen erstmals während der sportlichen Betätigung spürbar und hören mit nachlassender Beanspruchung wieder auf. Durch fortgesetzte sportliche Aktivität verschlimmert sich die Verletzung, und ein lokalisierter Schmerz bleibt auch nach Trainingsbeendigung bestehen. Weil Ermüdungsbrüche oft erst nach bis zu acht Wochen auf der Röntgenaufnahme zu sehen sind, wenn durch den Heilungsprozeß Kalkeinlagerungen entstanden sind, werden sie oft falsch diagnostiziert. Besonders im Oberschenkel kann ein nicht behandelter Ermüdungsbruch bei fortgesetzter sportlicher Aktivität zum vollständigen Durchbrechen des Knochens führen. Möglicherweise sind bei einem Ermüdungsbruch des Oberschenkelknochens *(Femur)* nahe der Hüfte Teile des Knochens von der Blutzufuhr abgeschnitten, und es muß ein künstliches Hüftgelenk eingesetzt werden. Bei Schmerzen, die trotz Ruhestellung zunehmen, könnte ein Ermüdungsbruch vorliegen. Man sollte sich daher umgehend in ärztliche Behandlung begeben.

Die versteckte Verletzung: Ermüdungsbrüche

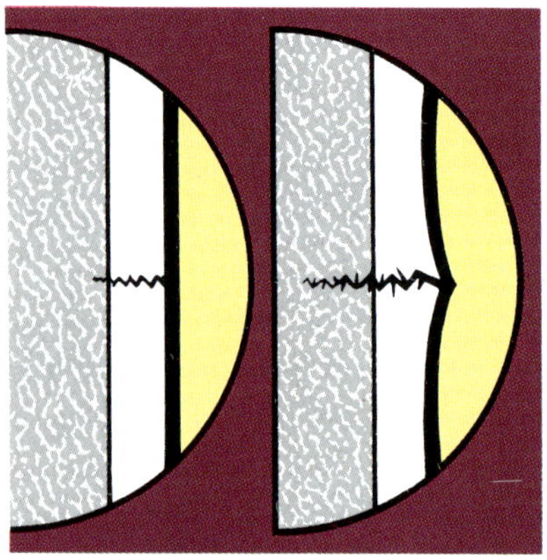

Ermüdungsbrüche sind so fein, daß sie selbst auf dem Röntgenbild nicht immer erkennbar sind. Sie entwickeln sich aus winzigen Rissen in der äußersten Knochenschicht *(links)* infolge wiederholter Beanspruchung durch Laufen oder sonstige belastungsintensive Aktivitäten. Weil die Schmerzen nach kurzer Zeit meist wieder nachlassen, wird das Training bald fortgesetzt, was eine erneute Belastung bedeutet *(rechts)* und schließlich zum vollständigen Bruch führen kann. Nur durch Ruhigstellung können Ermüdungsbrüche heilen.

Was ist die richtige Vorgehensweise bei Verletzungen?

Für die meistverbreiteten, mit Schmerz und Schwellung verbundenen Sportverletzungen empfiehlt sich als Erste-Hilfe-Maßnahme des RKDH-Prinzip (Ruhigstellung, Kälteanwendung, Druckverband, Hochlagern). Dieses Prinzip wird auf S. 24–25 erläutert.

Mittels sofortiger RKDH-Anwendung lassen sich Schmerz und Entzündung bei Sportverletzungen in Grenzen halten. Bei weniger schweren Überlastungsschäden, die mit keinerlei Schwellung verbunden sind und die Funktionen nicht nennenswert beeinträchtigen, genügt es, das Training einzuschränken, bis die Schmerzen abgeklungen sind. Darüber hinaus sollte man Dehnübungen zur Lockerung der verspannten Muskeln ausführen und den Verletzungsbereich dann mit Eis behandeln.

Sollten Verletzungen mit Wärme behandelt werden?

Ob, wann und in welcher Weise Verletzungen mit Wärme zu behandeln sind, ist umstritten. Wenn das Gebiet um die Verletzung erwärmt wird, erweitern sich die Kapillaren. Die Durchblutung wird gesteigert und die Heilung aufgrund der vermehrten Nährstoffversorgung der Gewebe und des rascheren Abtransports von Stoffwechselschlacken beschleunigt. Darüber hinaus führt die Wärme zu einem schnelleren Abklingen von Muskelkrämpfen und Schmerzen. Falls die Kapillaren sich jedoch nach der Verletzung nicht vollständig geschlossen haben, verstärkt eine Wärmebehandlung Blutungen und Schwellungen. Die Schmerzen verschlimmern sich, und der Heilungsprozeß wird verzögert. In Fachkreisen wird daher vielfach vor einer eigenmächtigen Wärmeanwendung gewarnt. Bei Unfallverletzungen ist in jedem Fall davon abzusehen.

Gewöhnlich wird eine Wärmetherapie frühestens 48 Stunden nach der Verletzung verordnet. Häufig sind es Infrarotlampen, Wärmekissen und Wärmebäder, die die Durchblutung erhöhen und Muskelsteifheit verringern. Daneben setzen Ärzte und Krankengymnasten Ultraschallgeräte ein, die mittels akustisch nicht wahrnehmbarer Hochfrequenzströme für eine Gewebserwärmung sorgen.

Einige Sportler reiben sich vor oder nach dem Training mit Linimenten und Salben ein, die Methylsalicylat, Terpentinöl, Pfeffer- und Senfextrakte sowie andere Substanzen enthalten. Als Folge einer vermehrten Durchblutung führen sie zu einer Hautreizung. Zwar lösen sie ein Wärmegefühl aus, doch ist diese Wärme oberflächlich und wirkt langfristig kaum heilungsfördernd.

Was ist verletzt?

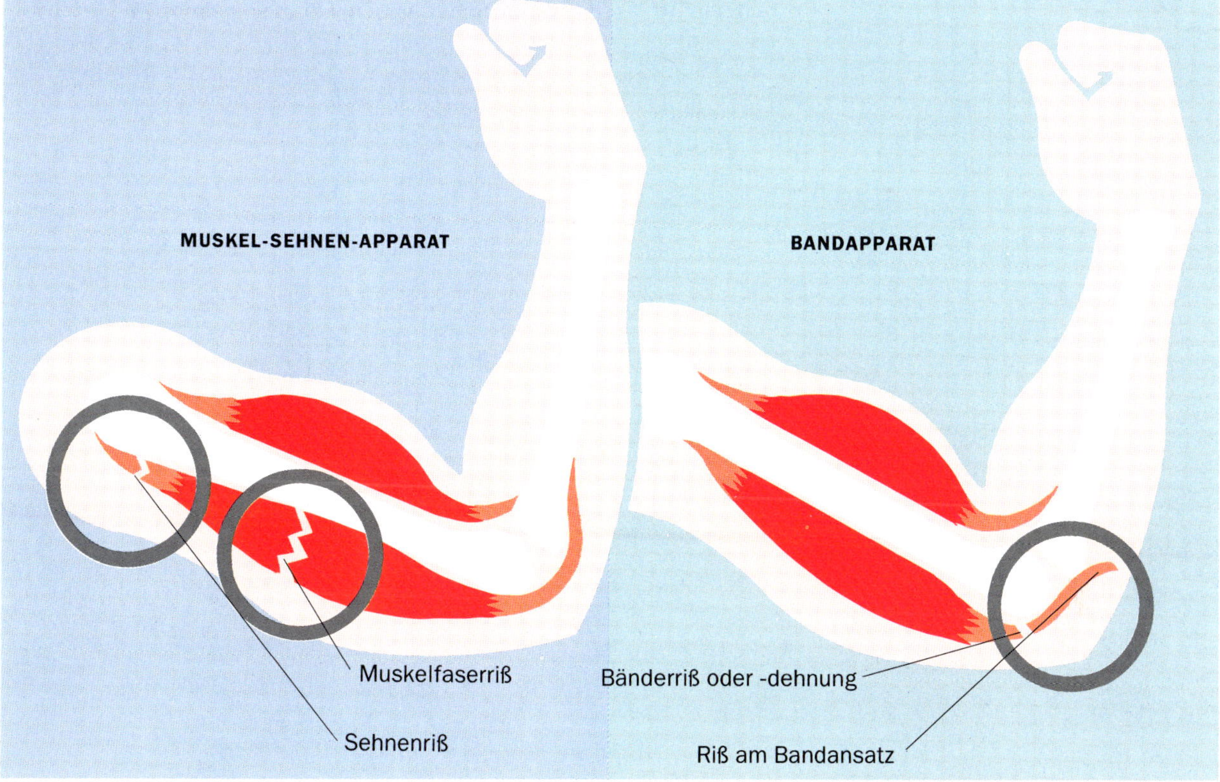

Können Massagen die Heilung unterstützen?
Massage fördert die Durchblutung, erwärmt die Haut, entspannt die Muskulatur und schwemmt Stoffwechselschlacken aus dem Gewebe aus. Außerdem bewirkt sie eine Erweichung von Narbengewebe und hilft Wiederverletzung vermeiden. Viele Sportler sind der Ansicht, daß regelmäßige Massage die Muskelregeneration nach anstrengendem täglichem Training beschleunigt und intensiveres Training ermöglicht. Verletztes Gewebe sollte jedoch ausschließlich von einem Arzt, Krankengymnasten, Trainer oder Sportmasseur behandelt werden. Bei unfallbedingten Muskelrissen darf frühestens nach Ablauf von 72 Stunden massiert werden, während bei Blutergüssen oder Blutungen generell von einer Massage abzusehen ist. Ebensowenig sollten Personen mit Herz-Kreislauf-Beschwerden, Infektionskrankheiten, offenen Wunden oder Verdacht auf Knochenbrüche massiert werden.

Fördern Whirlpool-Behandlungen den Heilungsprozeß?
Whirlpool-Behandlungen werden bisweilen in der Krankengymnastik eingesetzt. Hierbei befindet sich der Körper in warmem Wasser, während Luftdüsen das Wasser mit großem Druck aufwühlen und für eine Unterwassermassage sorgen. Eine solche Behandlung ist nicht nur angenehm, sie entspannt zudem die Muskulatur und kann Schmerzen und

In der Sportmedizin unterscheidet man zwischen Verletzungen des Muskel-Sehnen-Apparats und Verletzungen des Bandapparats. Letztere entstehen, wenn die Bänder, die als bindegewebige Stränge von einem Knochen zum anderen reichen, infolge eines Unfalls – durch Umknicken des Fußes etwa – reißen. Verletzungen des Muskel-Sehnen-Apparats entwickeln sich meist aus mikroskopisch feinen, durch wiederholte Belastung verursachten Rissen in einzelnen Muskelfasern. Bei Nichtbehandlung besteht die Gefahr, daß die Schmerzen zunehmen und es zu einem chronischen, mit Bewegungseinschränkung verbundenen Überlastungsschaden kommt.

Beschwerden lindern. Aber Whirlpools sind nicht ganz ungefährlich. Besonders Schwangere sollten vorsichtig sein, da heißes, bewegtes Wasser die Körperkerntemperatur plötzlich in die Höhe treibt und mitunter zu Mißbildungen beim Ungeborenen führt. Bei Männern kann es durch zu heiße Whirlpools zu vorübergehender Unfruchtbarkeit kommen. Um derlei Risiken von vornherein auszuschalten, sollte die Wassertemperatur 37°C nicht übersteigen. Neben den von zu hohen Wassertemperaturen herrührenden Gefahren beherbergen Whirlpools mitunter auch Bakterien, die Follikulitis verursachen, einen roten, mit Juckreiz verbundenen Hautausschlag, der meist eine Woche anhält. Da Wärme und Wasser in Bewegung die Entwicklung von Bakterien und den Abbau von Chlor begünstigen, ist Wert auf regelmäßige Überprüfung und Konstanthaltung der Chlorwerte zu legen.

Stimmt es, daß Spitzensportler Verletzungen in den seltensten Fällen richtig auskurieren?
Es hat bisweilen den Anschein, als kehrten Profisportler und Spitzenamateure bereits kurze Zeit nach einer Verletzung, die einen Freizeitsportler für mehrere Monate außer Gefecht gesetzt hätte, wieder in den Wettkampf zurück. Dabei sollte jedoch nicht vergessen werden, daß die Medien hinsichtlich der Verletzungsschwere bei bekannten Athleten gerne übertreiben. Hinzu kommt, daß Athleten üblicherweise in hohem Maße motiviert sind, möglichst schnell wieder einsatzbereit zu sein. Darüber hinaus können sie sich uneingeschränkt ihrer Genesung widmen, wobei sie in aller Regel von erfahrenen Sportmedizinern betreut werden, die ihre Verletzung rasch zu erkennen und zu behandeln verstehen. Indem sie die Rehabilitation ihres Schützlings direkt mitverfolgen, sind Ärzte und Trainer in der Lage, spezielle, die Heilung beschleunigende Übungen zu entwickeln. Eine Verletzung, die bei einem Sportler lediglich zu einer Trainingsunterbrechung führt, veranlaßt einen anderen unter Umständen, unwiderruflich mit dem Training aufzuhören. Freizeitsportler begeben sich nicht selten zu spät in ärztliche Behandlung und betreiben die Nachsorge nicht gewissenhaft genug. Die vollständige Heilung nimmt dann oft mehrere Monate in Anspruch, wodurch Muskelatrophien begünstigt werden.

Sind Männer und Frauen für die gleichen Verletzungen anfällig?
In der Regel erleiden Männer und Frauen ähnliche Verletzungen, obschon Studien darauf hindeuten, daß Männer eine erhöhte Anfälligkeit für Unfallverletzungen besitzen, während bei Frauen Überlastungsschäden häufiger auftreten. Möglicherweise handelt es sich jedoch hierbei um einen statistischen Trugschluß, da Männer ja häufiger Sportarten mit direktem Gegnerkontakt ausüben und deshalb öfter als Frauen Opfer traumatischer Verletzungen sind.

Beim Versuch einer Auflistung der häufigsten weiblichen Überlastungsschäden hat sich gezeigt, daß das Knie offenbar einen besonderen Schwachpunkt darstellt: Frauen neigen stärker als Männer zu den als „Läufer-Knie" bezeichneten Kniescheibenbeschwerden. Das mag daran liegen, daß Frauen über weniger Muskelmasse und über beweglichere Gelenke verfügen, jedoch stimmen nicht alle Experten mit dieser Erklärung überein. Jedenfalls sind Übungen zur Kräftigung der Quadrizepse an der Oberschenkelvorderseite, der Kniebeuger an der Oberschenkelrückseite und anderer Oberschenkelmuskeln in jedem Fall geeignete Präventivmaßnahmen *(S. 68–89)*.

Überbeine scheinen ebenfalls bei Frauen häufiger aufzutreten als bei Männern. Es handelt sich dabei um eine schmerzhafte Geschwulst an der Großzeheninnenseite in unmittelbarer Gelenksnähe. Ursache ist eine Rechts- bzw. Linksdrehung der Großzehe, so daß diese sich mitunter über die anderen Zehen legt und eine chronische Reizung des Großzehenmetatarsalköpfchens bedingt. In schlimmen Fällen wird die Großzehe in ihrer Funktion so weit eingeschränkt, daß der Betroffene zu normalem Gehen nicht mehr imstande ist. Linderung verschafft man sich, indem man bequemes Schuhwerk trägt und die Großzehe mittels Schaumstoff von der zweiten Zehe trennt. Operationen zum Zweck der Überbeinkorrektur werden nur in Ausnahmefällen durchgeführt.

Gelegentlich führt intensiv betriebener Sport zu Amenorrhoe, einem Ausbleiben der monatlichen Blutung. Betroffen sind meist Frauen, die sportlich stark gefordert sind und extrem wenig Körperfett besitzen. Bei Amenorrhoe oder sonstigen Zyklusstörungen, gleichgültig, ob es sich um eine Folge sportlicher Betätigung handelt oder nicht, sollte ein Gynäkologe aufgesucht werden.

Parallel zu der ständig zunehmenden Beliebtheit von Fitness-Programmen klagen immer mehr sportlich aktive Menschen über kurze, heftige Kopfschmerzen, die unmittelbar nach intensiver sportlicher Anstrengung eintreten. Weniger als ein Prozent dieser Kopfschmerzen haben eine ernste organische Ursache. Wenn man die sportliche Aktivität etwas reduziert, verschwinden die Schmerzen meist von allein. Bei Schmerzfortdauer hingegen ist ärztlicher Rat einzuholen.

Kann psychischer Stress Ursache von Verletzungen sein?

Grundsätzlich nein, obgleich einige Studien darauf hindeuten, daß Situationen von psychischem Stress die Verletzungsgefahr erhöhen. In einer mit 97 Spitzensportlern durchgeführten Studie waren von Scheidung, familiären Todesfällen, Konflikten mit den Trainern oder anderen Stress-Faktoren betroffene Sportler binnen einem Jahr häufiger krank und verletzt als Testpersonen mit geringerer Stressbelastung. Zu den am häufigsten genannten Erscheinungsbildern gehören Kopfschmerzen sowie Fuß- und Beinverletzungen.

Wie sicher sind Medikamente zur raschen Schmerzlinderung?

Das am häufigsten empfohlene Schmerzmittel ist Azetylsalicylsäure (ASS). Es ist preiswert, ohne Rezept erhältlich und vergleichsweise sicher. Neben dem schmerzbetäubenden Effekt besitzt es entzündungshemmende Wirkung, indem es die Schwellung zum Abklingen bringt und langfristig für Schmerzlinderung sorgt. Durch ASS werden jedoch mitunter Reizzustände der Magenschleimhaut hervorgerufen. Weil es die Blutgerinnung beeinträchtigt, ist bei Verdacht auf wiederholte schwere, traumatische Verletzungen und Blutungen ebenfalls auf ASS zu verzichten.

Bei Verletzungen sollte die ASS-Einnahme eine Behandlung nach dem RKDH-Prinzip ergänzen und nicht ersetzen. Besonders bei Entzündungen der Achillessehnen hat ASS sich bewährt.

Es gibt zahlreiche andere Schmerzmittel, die allerdings verschreibungspflichtig sind und nur unter strikter ärztlicher Überwachung verwendet werden sollten. Verschreibungspflichtige Medikamente, wie Anästhetika, Narkotika oder Analgetika, dürfen nicht bei intensivem Training oder während eines Wettkampfs eingenommen werden, da sie schmerzunempfindlich machen und das Risiko einer ernstlichen Verletzung dadurch steigern.

Wann sollte man einen Arzt aufsuchen?
Sobald man sich fragt, ob man einen Arzt aufsuchen sollte oder nicht, ist es das Beste, man macht sich gleich auf den Weg. Für gewöhnlich bestimmen Erfahrung und gesunder Menschenverstand, welche Beschwerden medizinische Betreuung notwendig machen. Dabei ist das Auftreten plötzlicher und heftiger Schmerzen in jedem Fall ein Zeichen, daß etwas nicht stimmt und genauerer Beobachtung bedarf. Schmerzen sind jedoch nicht immer ein verläßliches Verletzungsindiz. Bei Sportverletzungen gibt es spezielle Erscheinungsbilder, die einen Arztbesuch nahelegen. So bedeutet die Verletzung eines Gelenks oder umliegender Bänder, daß das Gelenk ruhiggestellt werden muß, bis ein Arzt weitere Anweisungen trifft. In ähnlicher Weise sollten schlecht heilende Verletzungen – gleichgültig ob ein Gelenk beteiligt ist oder nicht –, ärztlich versorgt werden. Infektionsanzeichen, wie Fieber oder Eiterentwicklung, bedeuten, daß so schnell wie möglich ein Arzt aufzusuchen ist.

An wen wendet man sich am besten mit einer Sportverletzung?
Schnelle und effektive Hilfe bei Sportverletzungen bieten Hausärzte, Krankengymnasten, Orthopäden, Fußspezialisten und die vielen eng mit den Sportlern zusammenarbeitenden Trainer, Sportpsychologen und Ernährungsberater. Und je mehr Anhänger der Freizeitsport findet, desto mehr Ärzte spezialisieren sich auf Sportmedizin.

Da dem Freizeitsportler eine Unterscheidung zwischen harmlosen Beschwerden und möglicherweise ernstzunehmenden Verletzungen mitunter schwerfällt, überläßt man die Diagnose von Verletzungen – von leichtesten Verletzungsgraden einmal abgesehen – am besten einem im Umgang mit Sportverletzungen erfahrenen Orthopäden. Kliniken mit sportmedizinischem Schwerpunkt halten ebenfalls wertvolle Informationen bereit. Häufig können auch Sportvereine und -verbände an namhafte Sportmediziner verweisen.

Ein qualifizierter Spezialist wird Rehabilitationsmaßnahmen zur endgültigen Beseitigung der Verletzungsursache und völligen Wiederherstellung verordnen. Beschränkt der Behandelnde sich indes darauf, das verletzte Gelenk in Eis zu packen und ein paar Tage Ruhe zu verordnen, ist dies womöglich Zeichen für mangelnde Sachkenntnis und Erfahrung.

Sollte man aufgrund der hohen Verletzungsgefahr besser keinen Sport treiben?
Regelmäßige sportliche Betätigung wird von der Ärzteschaft in immer größerem Maße als wesentlich für den Erhalt körperlichen und seelischen Wohlbefindens erachtet. Viele bislang für Alterssymptome gehaltene Erscheinungsbilder, wie Fettsucht, Kalziummangel, Bluthoch-

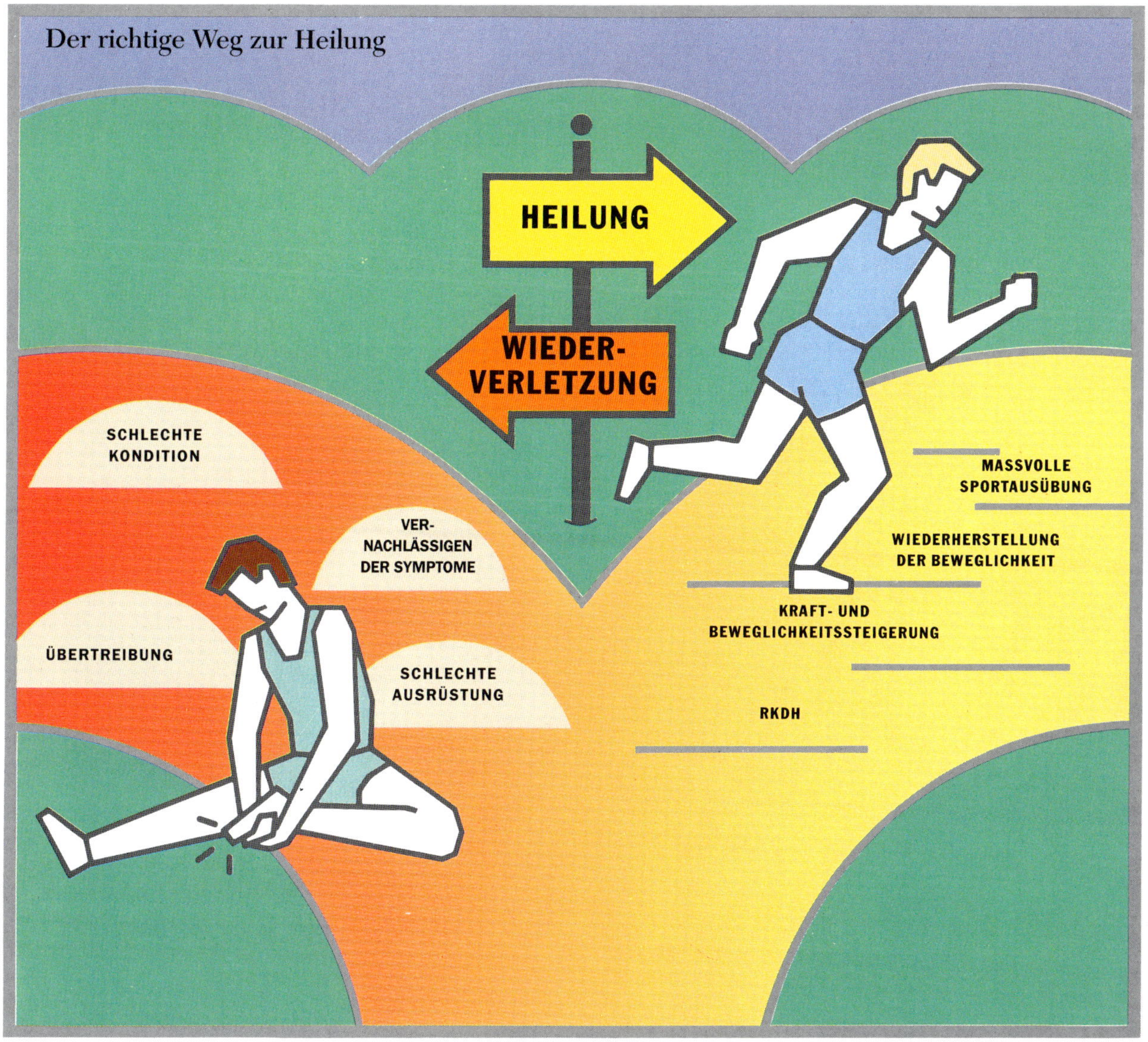

druck, erhöhte Blutcholesterinwerte, langsamere Reflexe, geringerer Bewegungsradius der Gelenke, erhöhte Stressanfälligkeit, Depressionen, Angstzustände und geringe aerobe Ausdauer sind denn auch Folge langjährigen Bewegungsmangels. Studien zufolge vermag regelmäßige Sportausübung das Risiko von Herz-Kreislauf-Erkrankungen, Hypertonie und Schlaganfall zu senken. Neueste Erkenntnisse sprechen zudem dafür, daß Menschen, die ein Leben lang Sport getrieben haben und aktiv waren, eine höhere Lebenserwartung haben.

Gegenüber der gesundheitsfördernden Wirkung von Gymnastik und Sport erscheinen gelegentlicher Schienbeinschmerz oder eine Achillessehnenentzündung fast schon als Lappalie. Ist man selbst betroffen, nimmt man die Sache ernster. Auf den folgenden Seiten dieses Kapitels ist zu erfahren, welche Verletzungen für welche Sportarten typisch sind, wie man sie heilt und wie sie sich künftig vermeiden lassen.

In verschiedenen Studien wurde nachgewiesen, daß Freizeitsportler nach einer Verletzung dazu neigen, sich wenig später erneut zu verletzen. Zu den Gründen zählen mangelhafte Kondition und Übertreibung, bevor die Verletzung richtig heilen konnte. Um Überlastungsschäden vollständig auszukurieren, empfiehlt sich als erstes eine Behandlung nach dem RKDH-Prinzip (Ruhigstellung, Kälteanwendung, Druckverband, Hochlagern), das auf S. 24–25 erläutert ist. Anschließend kann langsam wieder trainiert werden, wobei Kräftigungs- und Beweglichkeitsübungen wichtig zur Vermeidung von Wiederverletzungen sind.

Ihr individuelles Übungsprogramm

In der Regel sind gelegentliche Schmerzen oder Muskelkaterbeschwerden nach dem Training kein Grund zur Beunruhigung. Es handelt sich vielmehr um ein Zeichen, daß der Körper sich auf die sportliche Beanspruchung einstellt. Demgegenüber sind wiederholte oder sich verschlimmernde Beschwerden möglicherweise ein Anzeichen für Verletzung. Damit Überlastungsschäden rasch kuriert werden bzw. gar nicht erst entstehen können, ist es wichtig, eine kritische Haltung gegenüber der eigenen Sportausübung einzunehmen und zu prüfen, ob man die Verletzungsgefahr nicht unwissentlich erhöht. Der Fragenkatalog auf diesen beiden Seiten bietet hierfür eine wertvolle Hilfe.

Sind Sie verletzungsgefährdet?

1 Wie ist Ihre körperliche Verfassung?

Eine gute körperliche Verfassung kommt nicht nur Gesundheit und Aussehen zugute, sie trägt auch dazu bei, Verletzungen, zu verhindern. Muskelkraft und Ausdauer, zwei wichtige Fitness-Faktoren, schützen vor plötzlichen Beschwerden, die bei jeder körperlichen Aktivität, vor allem aber beim Sport, auftreten können. Beweglichkeit, eine weitere Fitness-Komponente, sorgt dafür, daß extreme Bewegungen keine Verletzungen hervorrufen. Aerobe Ausdauer schließlich – d. h. die Fähigkeit des Körpers, die beanspruchten Muskeln mit ausreichend Sauerstoff zu versorgen – beugt Ermüdungserscheinungen vor. Wenn Sie über lange Zeit hinweg sportlich nicht aktiv waren, sollten Sie ein Fitness-Programm aufnehmen, das Muskelkraft, Beweglichkeit und aerobe Ausdauer allmählich steigert.

2 Wie alt sind Sie?

Bei den meisten Menschen gehen mit zunehmendem Alter Muskelkraft, Beweglichkeit und Ausdauer zurück. Durch regelmäßige Übungen jedoch kann man dem dadurch bedingten erhöhten Verletzungsrisiko begegnen. Tatsächlich glauben manche Wissenschaftler, mindestens 50 Prozent des im Alter zwischen 30 und 70 registrierten Fitness-Verlustes sei keine Frage des Alters, sondern Folge langjähriger Inaktivität. Die sicherste Art, sich trotz zunehmenden Alters vor Verletzungen zu schützen, ist daher nicht weniger Aktivität, sondern kontinuierliche sportliche Betätigung. Ihr Trainingsprogramm sollte Übungen einschließen, die eine Kräftigung der je nach Sportart am stärksten beanspruchten Körperbereiche erzielen.

3 Sind Sie ein Wochenendsportler?

Intensives Training am Wochenende beansprucht Muskeln und Sehnen, ohne sie wesentlich zu kräftigen, wodurch das Verletzungsrisiko erhöht wird. Wissenschaftler haben bestätigt, daß Muskelkraft und Ausdauer sich nur steigern lassen, wenn man an mindestens drei Tagen der Woche sportlich aktiv ist. Für eine Verringerung des Verletzungsrisikos am Wochenende ist es daher wichtig, ein Trainingsprogramm zu wählen, das man auch unter der Woche ausführen kann. Idealerweise verknüpft ein solches Programm aerobe Sportarten, wie Laufen oder Schwimmen, mit Dehnungs- und Kräftigungsübungen, welche die beim Wochenendsport beanspruchten Muskelpartien kräftigen. Details zu den einzelnen Sportarten erfahren Sie auf S. 31.

4 Gehen Sie Ihr Übungsprogramm eher verbissen an?

Sport und Gymnastik gehören zu den wirksamsten Methoden zur Reduzierung von Stress und Herzinfarktrisiko. Bei vielen Menschen jedoch wird umgekehrt jede sportliche Betätigung zum Stress-Faktor, was die Wahrscheinlichkeit von Krankheit und Verletzung natürlich erhöht. Sie betreiben ihren Sport mit der gleichen hektischen Verbissenheit wie die anderen Alltagsaktivitäten, indem sie sich ehrgeizig zwingen, ihre Trainingsresultate ständig zu verbessern. Statt unentwegt zu versuchen, die eigene Leistung und die aller anderen zu überbieten, sollte man sich um eine schrittweise Fitness-Steigerung bemühen.

5 Wärmen Sie sich vor dem Üben genügend auf?

Studien haben belegt, daß das Aufwärmen der Muskeln vor dem Training vor Verletzungen schützt, weil kalte Muskeln weniger geschmeidig und anfällig für Muskelrisse sind. Oft wird versucht, den Körper mit Dehnübungen aufzuwärmen, die hierfür jedoch nicht geeignet sind. Jeder anstrengenden Übungsfolge sollte eine aerobe Aktivität, langsames Joggen etwa, vorausgehen, damit Muskeln und Gewebe ausreichend mit Blut versorgt werden. Mit gesteigerter Durchblutung wächst auch die Muskelgeschmeidigkeit.

Nach dem Aufwärmen folgen Dehnübungen, die bei korrekter Ausführung hervorragend vor Verletzungen schützen. Eine umfangreiche Studie mit Läufern hat ergeben, daß viele Verletzungen auf falsches Dehnen zurückzuführen waren. Besonders gefährlich sind dabei ballistische bzw. ruckartige Übungen, bei denen Körpergewicht und -schwung eingesetzt werden, wenn beispielsweise ein Bein zum Zwecke der Kniebeugerdehnung in die Höhe geschleudert wird. Bei einer anderen verbreiteten und häufig zu Verletzungen führenden Dehnübung reicht man mit durchgedrückten Knien an die Zehen hinunter. Bei den in diesem Buch vorgestellten Dehnübungen wird Wert darauf gelegt, die Muskeln langsam zu dehnen.

6 Neigen Sie dazu, Schmerzen und Beschwerden zu ignorieren?

Trotz Meldungen über Profisportler, die auch bei Verletzung weitertrainieren, sind Sportmediziner sich einig, daß die meisten Verletzungen Ruhe brauchen, um zu heilen. Bei Muskel- und Gelenkschmerzen ist eine Beanspruchung zu vermeiden. Wenn Spitzensportler bereits kurze Zeit nach einer Verletzung wieder trainieren, bedeutet das nicht, daß sie die Zähne zusammenbeißen und Schmerzen ignorieren. Entscheidend ist vielmehr, daß sich ihre medizinischen Betreuer rasch und sachkundig um die Verletzung kümmern, wobei eine Behandlung meist nach dem RKDH-Prinzip (Ruhigstellung, Kälteanwendung, Druckverband, Hochlagern, *S. 24–25*) begonnen wird. Eine verfrühte Wiederaufnahme des Trainings verschlimmert nicht nur die Verletzung, sondern führt zudem häufig zu Störungen des Bewegungsapparates – in Form von Hinken beispielsweise –, wodurch Wiederverletzung und andere Überlastungsschäden begünstigt werden. Die im vorliegenden Buch erläuterten Kräftigungs- und Dehnübungen ermöglichen eine rasche Wiederaufnahme der sportlichen Aktivität ohne Gefahr einer Wiederverletzung.

Tragen Sie die richtigen Schuhe?

Eine der wichtigsten Entscheidungen vor Aufnahme eines Gymnastikprogramms oder einer neuen Sportart ist die Wahl des richtigen Schuhwerks. Teure Schuhe oder Schuhe mit besonderer Federung bedeuten dabei nicht unbedingt einen optimalen Schutz bei der jeweiligen Sportart. Entsprechende Studien beweisen, daß – unabhängig vom Preis des Schuhs oder der verwendeten Materialien – ein Schuh schon zwischen 25 und 50 Prozent seiner aufprallabsorbierenden Eigenschaften eingebüßt hat, bevor er abgetragen aussieht. Sorgen Sie deshalb für Ersatz, sobald die Federung nachläßt oder die Fersenfassung an Stabilität verliert.

Die Wahl des Schuhwerks ist sportartenspezifisch zu treffen. Laufschuhe sind beispielsweise für Vorwärtsbewegungen konzipiert und nicht für Seitwärtsschritte sowie rasches Antreten und Abbremsen, wie sie bei Basketball, Tennis oder Aerobic verlangt sind. Wenn Sie während dieser Aktivitäten dennoch Laufschuhe tragen, riskieren Sie Knöchelverletzungen.

Die Schuhe sollten keine zu enge Paßform haben, damit der Vorfuß genügend Bewegungsfreiheit hat. Wichtig ist außerdem, daß die Fersenkappe ausreichend Halt bietet.

Erste Hilfe nach dem RKDH-Prinzip

Bei nahezu allen Sportverletzungen empfiehlt sich eine Anwendung nach dem RKDH-Prinzip als Erste-Hilfe-Maßnahme mit rascher Wirkung. RKDH bedeutet Ruhigstellung, Kälteanwendung, Druckverband oder Kompresse und Hochlagern. Wie das Diagramm auf der gegenüberliegenden Seite deutlich macht, sollten diese vier Behandlungsschritte im Moment der Verletzung ergriffen und so lange fortgeführt werden, wie Schmerz und Schwellung andauern.

Ruhigstellung bedeutet eine bewußte Nichtbeanspruchung des verletzten Körperteils, indem ein verstauchter Knöchel beispielsweise nicht belastet wird. Bei weniger schwerwiegenden Überlastungsschäden oder einfachem Muskelkater infolge Überanstrengung läßt sich die therapeutische Ruhe bereits durch eine kurze Sportpause oder Reduzierung des Gymnastikprogramms erreichen. Bei der überwiegenden Zahl der Sportverletzungen bedeutet Ruhe lediglich Schonung bis zum Abklingen der Schmerzen.

Die meisten Sportverletzungen reagieren positiv auf Kälteanwendung. Aufgrund der gefäßverengenden Wirkung verlangsamt sich die Durchblutung, die Schmerzstelle wird lokal betäubt, die Schwellung geht zurück. Befindet sich die Verletzung nahe der Hautoberfläche, genügt es, Eis leicht über die Haut zu reiben. Bei tieferliegenden, mit Gelenkschmerzen verbundenen Verletzungen schlägt man Eiswürfel in ein Tuch, das um den verletzten Körperteil gewickelt wird.

Eine weitere wichtige Komponente einer RKDH-Behandlung ist die Ausübung von Druck, für die der Verletzungsbereich zumeist mit einer elastischen Binde umwickelt wird. Das Anlegen eines Druckverbandes empfiehlt sich generell bei Schwellungen, weil es eine weitere Flüssigkeitsansammlung im Gewebe verhindert und den Heilungsprozeß beschleunigt. Der Verband sollte straff, aber nicht zu fest sitzen. Dabei kann das Anlegen des Druckverbandes durchaus parallel zu einer Eisanwendung erfolgen, und zwar indem man kleine Eiswürfel in ein Tuch packt, dieses auf den Verletzungsbereich legt und mit einer Elastikbinde umwickelt.

Schließlich gilt bei Schwellungen, daß der betroffene Körperteil hochzulagern ist. Indem der Verletzungsbereich oberhalb Hüfthöhe gehalten wird, verhindert die Schwerkraft eine gesteigerte Blutzufuhr und weitere Flüssigkeitsansammlung. Hochlagerung ist besonders wichtig bei Knöchelverstauchungen und anderen Verletzungen, die mit Schwellung am Ende von Gliedmaßen einhergehen.

Bei der RKDH-Behandlung empfiehlt sich eine intervallmäßige Vorgehensweise, bei der die Elastikbinde zwischendurch abgenommen und die Kälteanwendung für jeweils 15 Minuten unterbrochen wird, bevor man den Verletzungsbereich erneut vereist und den Druckverband wieder anlegt.

Aus dem gegenüberliegenden Diagramm läßt sich ersehen, für welche Zeitdauer die einzelnen Behandlungsabschnitte erfolgen sollten und wann mit der Ausübung von Sport oder Gymnastik allmählich wieder begonnen werden kann. Zu Beginn sollte man sich auf einfache Dehnübungen beschränken. Mit muskelbildenden und aeroben Übungen wartet man lieber, bis 75 Prozent der ursprünglichen Leistungsfähigkeit wiederhergestellt sind. Um Wiederverletzung zu vermeiden, ist das Training beim Auftreten von Schmerzen unverzüglich abzubrechen.

Wiederherstellung der Sportfähigkeit

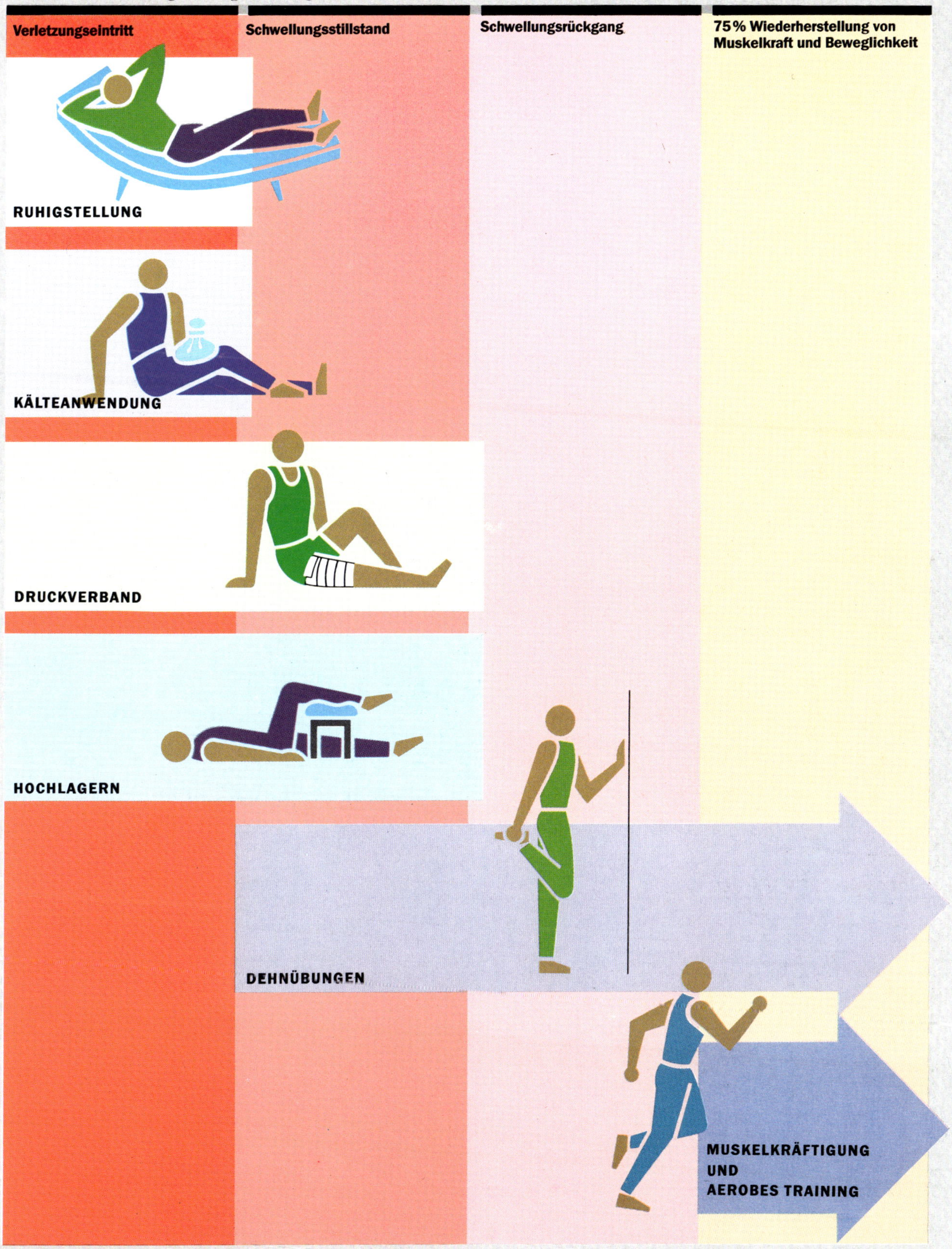

Ratgeber für Verletzungsvorbeugung und Rehabilitation

Neben jeder in dieser Tabelle aufgeführten Verletzung werden Ratschläge für Verletzungsverhütung und Beschleunigung des Heilvorgangs gegeben. Durch die in diesem Buch vorgestellten Übungen ist beides gewährleistet. Für die meisten Schädigungen empfiehlt sich als Erste-Hilfe-Maßnahme die RKDH-Behandlung ***(siehe Diagramm S. 25).*** **Bei Fragen zu Art und Schwere einer Verletzung sollte baldmöglichst ärztlicher Rat eingeholt werden.**

VERLETZUNG/SYMPTOME	TIPS ZUR VORBEUGUNG UND REHABILITATION
Achillessehnenentzündung Spannungs- oder Schmerzgefühl im Bereich der unteren Wade bis zur Ferse, besonders während schnellen Gehens und Joggens	Angestrengtes Laufen und schnelles Bergaufgehen vermeiden. Die Wadenmuskulatur behutsam dehnen und kräftigen. *Übungen: S. 52–55*
Ermüdungsbruch (Stress-Fraktur) Dumpfer Schmerz, der nach beendeter Sportausübung anhält; leichte Schwellung und Reizung	Geeignetes Schuhwerk tragen; Trainingsintensität und -dauer nicht plötzlich erhöhen; bei Verdacht auf Ermüdungsbruch unverzüglich den Arzt aufsuchen – andauernder Scmerz kann Zeichen für einen Ermüdungsbruch sein *(siehe Schienbeinschmerz).*
Fersensporn Schmerzhaftigkeit und Schwellung unmittelbar unter dem Fersenbein	Sportschuhe sorgfältig wählen; wenn nötig, zusätzliche Einlagen verwenden. Wadenmuskeln dehnen und kräftigen. *Übungen: S. 52–55*
Handgelenksverstauchung Plötzlicher, messerstichartiger Schmerz im Handgelenk nach Sturz oder Zusammenprall; Schwellung, Reizzustand und Blaufärbung	Gründlich aufwärmen; Handgelenk nach vollendeter Heilung weiterhin bandagieren, um Wiederverletzung zu vermeiden; Handgelenk röntgen lassen, für den Fall, daß ein Bruch vorliegt; Kräftigung der Hand- und Unterarmmuskulatur. *Übungen: S. 100–103*
Hautblase Mit Schwellung verbundene Flüssigkeitsansammlung unter der obersten Hautschicht	Hautblase mit steriler Nadel öffnen. Sportschuhe mit genügend Bewegungsfreiheit für die Zehen und stabiler Fersenkappe wählen. Saubere Strümpfe tragen. Kein Pflaster auf blasenanfällige Bereiche kleben. Rote, geschwollene Stellen schützen, bevor Blasenbildung eintritt.
Ischialgie Kribbeln oder Taubheit in kleinen Zehen und Fußaußenseite; Schmerzen oder Krämpfe in Gesäß oder Oberschenkelaußenseite	Steiles Bergablaufen vermeiden; Dehnung der Rücken- und Hüftmuskulatur; bei Schmerzfortdauer den Arzt aufsuchen. *Übungen: S. 118–119*
Kniebeugerzerrung Schmerzen in der Oberschenkelrückseite bei Bewegung und Streckung des Beins; Schwellung und Schwächung des Oberschenkels	Gründlich aufwärmen; Kräftigung der Kniebeugermuskeln; Kräftigung und Dehnung der Kniebeuger- und Quadrizepsmuskulatur. *Übungen: S. 68–77*
Knöchelverstauchung Schmerzhaftigkeit und Schwellung des Knöchels; Belastung von Fußgelenk und Knöchel wirkt schmerzauslösend	Stützverband um den Knöchel tragen; sorgfältig aufwärmen; Kräftigung der Unterschenkel- und Fußmuskulatur; bei anhaltender Nichtbelastbarkeit einen Arzt aufsuchen, möglicherweise liegt ein Sehnenriß oder Knochenbruch vor. *Übungen: S. 46–51*
Läufer-Knie Bohrender Schmerz an der Kniescheibe und dem umliegenden Gewebe	Geeignete Laufschuhe tragen; wenn nötig, Einlagen verwenden; Quadrizepsmuskulatur kräftigen und Beweglichkeit steigern. *Übungen: S. 72–77*
Muskelkater Unbestimmter Muskelschmerz, manchmal mit Schwellung verbunden	Gründlich aufwärmen und Dehnübungen; keine plötzliche Steigerung der Trainingsintensität; längeres Bergablaufen auf harten Böden vermeiden.
Muskelkrämpfe Schmerzhafte, unkontrollierte Muskelkontraktion; besonders häufig in den Waden	Kurzes Dehnen; den kontrahierenden Muskel zur Schmerzlinderung leicht massieren; vor und während des Trainings reichlich Flüssigkeit zuführen; keine Medikamente verwenden, die unter Umständen krampfauslösend wirken.
Nagelhämatom Dunkelverfärbung infolge Blutansammlung unter dem Zehennagel	Den Arzt aufsuchen und den Nagel zur Hämatomentlastung anbohren lassen, um ein Ablösen zu vermeiden. Sportschuhe mit ausreichend Platz für die Zehenregion und fester Fersenkappe tragen, damit der Fuß nicht nach vorne gleitet.

VERLETZUNG/SYMPTOME	TIPS ZUR VORBEUGUNG UND REHABILITATION
Rückenschmerzen Schmerzhaftigkeit beim Vor- und Zurückbeugen; Muskelspasmen und Anschwellen der Rückenmuskulatur	Gründlich aufwärmen; beim Heben von Gegenständen und Aufrechtstehen kein Hohlkreuz bilden; bei nicht nachlassenden Schmerzen den Arzt aufsuchen; Kräftigung der Bauchmuskulatur; Beweglichkeit der Rücken-, Hüft- und Oberschenkelmuskeln steigern. *Übungen: S. 68–71, 78–83, 116–119*
Schenkelbindenspannerschmerz Schmerzen am Ansatz des *Tractus iliotibialis,* die mitunter in die Oberschenkelaußenseite strahlen; Reizzustand an der Knieaußenseite	Laufschuhe sorgfältig wählen, um Extrempronation vorzubeugen. Längeres Bergablaufen oder Laufen in eine Richtung auf zur Seite hin schräg abfallenden Wegstrecken vermeiden. *Übungen: S. 90–91*
Schienbeinschmerz (Schienbein-Periostitis) Leichter bis stechender Schmerz in Schienbein oder Wade	Nicht auf Asphalt oder unebenen Böden laufen; auf geeignete Sportschuhe Wert legen; bei Schmerzfortdauer den Arzt aufsuchen, da ein Ermüdungsbruch vorliegen kann. *Übungen: S. 52–57*
Schleimbeutelentzündung (Bursitis) Schmerz, Reizung und Schwellung; eingeschränkter Bewegungsradius des betroffenen Gelenks	Gründlich aufwärmen. Bei niedrigen Außentemperaturen warme Sportkleidung zum Schutze des Gelenks tragen; Verletzungsbereich abpolstern.
Schulterbeschwerden Schmerzhaftigkeit bei Bewegung oder Dehnung der Schulter; Schwellung und Schwächung der Schultermuskulatur	Gründlich aufwärmen; Dehnung und Kräftigung der Schultermuskeln. *Übungen: S. 108–115*
Seitenstiche Krampfartiges Muskelzucken, meist in der oberen rechten Bauchhälfte	Tief durchatmen und die betroffenen Stelle leicht massieren; Sport und Gymnastik unmittelbar nach einer Mahlzeit vermeiden; auf regelmäßige Verdauung achten.
Ski-Daumen Plötzlicher, messerstichartiger Schmerz nach Sturz oder Zusammenprall; mitunter Auftreten von Schwellung, Entzündung und Daumenverfärbung	Skistöcke ohne Schlaufen benutzen; Stützverband am Daumen tragen, um die Heilung zu beschleunigen und Wiederverletzung zu verhindern; den Arzt aufsuchen.
Springer-Knie Schmerzhaftigkeit der Kniescheibe; in schlimmen Fällen Schwächung des Beins	Zur Beschleunigung des Heilprozesses Stützstrumpf tragen. In chronischen Fällen ist ein chirurgischer Eingriff notwendig. Dehnung und Kräftigung der Quadrizeps. *Übungen: S. 72–77*
Tennis-Ellenbogen Schmerz an der Außenseite des Ellenbogengelenks, insbesondere beim Fassen von Gegenständen und Drehen des Armes; Schwächung der Haltefunktionen	Schlagtechnik verbessern, insbesondere die des Rückhandschlags; gründliches Aufwärmen vor Spielbeginn; den Schläger nicht zu fest bespannen lassen; Kräftigung der Unterarm- und Handmuskeln. *Übungen: S. 100–103*
Überbein Knochige Wölbung am Großzehengrundgelenk; Schmerz- und Steifheitsgefühl im Fuß; zur Seite gedrehte Großzehe	Sportschuhe mit reichlich Bewegungsfreiheit für die Zehen und besonderem Fußbett wählen. Keine eng sitzenden Strümpfe oder Schuhe mit hohen Absätzen tragen. Ärztlichen Rat einholen.
Würfelbeinverrenkung Unbestimmter Schmerz und Reizung der Knöchelaußenseite, besonders beim Barfußgehen	Laufschuhe sorgfältig wählen. Bei wiederholtem Auftreten orthopädische Einlagen verwenden, damit die Füße besseren Halt haben. Bei Schmerzfortdauer Facharzt aufsuchen.

Wärme und Kälte als Risikofaktoren

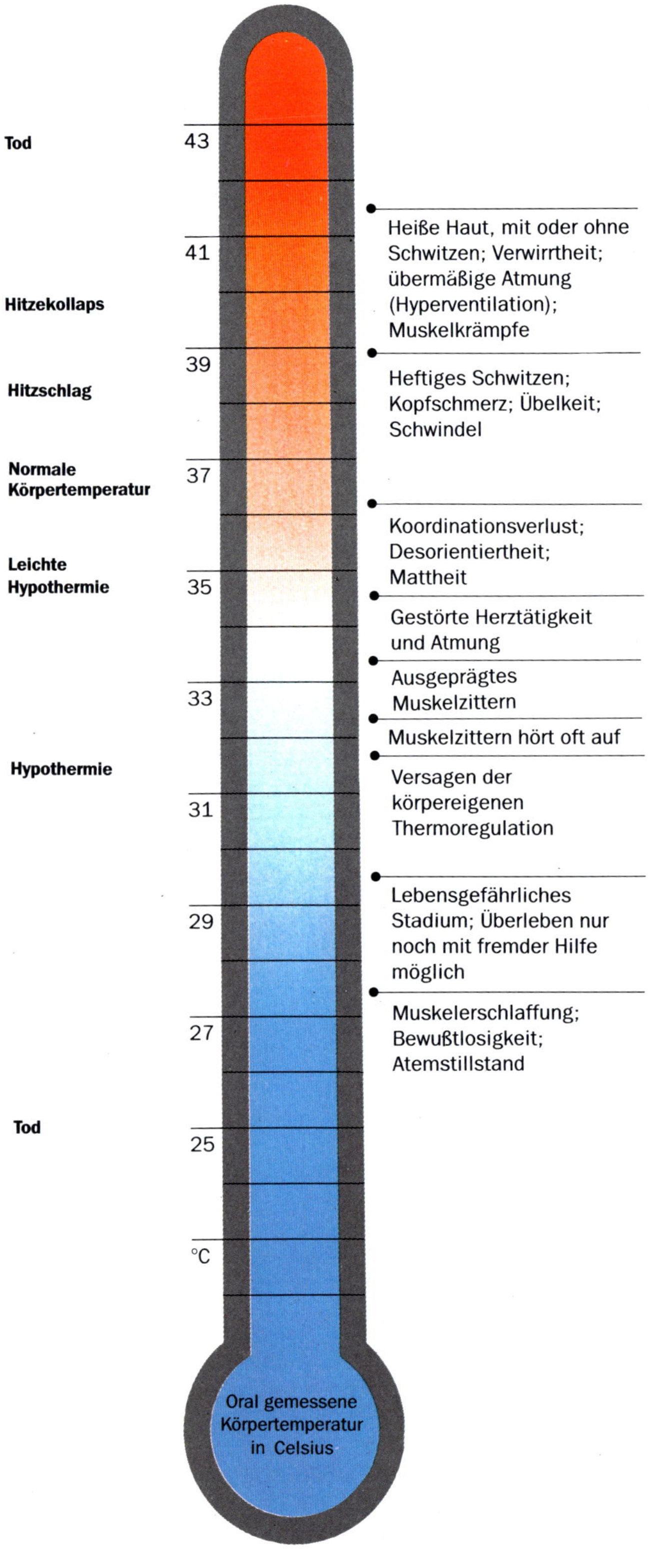

Besonders anfällig für Hitzeschäden ist, wer übergewichtig · mangelhaft konditioniert · dehydriert · Hitze nicht gewohnt · krank · jünger als 15 oder älter als 40 ist

Besonders anfällig für Kälteschäden ist, wer extrem wenig Körperfett hat · krank oder verletzt ist · nasse Kleidung trägt · Alkohol oder Medikamente zu sich genommen hat · jünger als 15 oder älter als 40 ist · versucht hat, mit Eis oder Schnee den Durst zu löschen

Sport bei Wärme und Kälte

Bei ansteigender Körperkerntemperatur werden über eine Art Thermostat im Gehirn die Körperfunktionen so gesteuert, daß Körperwärme vom Rumpf abstrahlen kann. Sonst würde bereits ein Lauf von zwei Kilometern die Körpertemperatur infolge vermehrter Muskeltätigkeit um mehr als 1,5° C erhöhen.

Schwitzen ist die wichtigste Form der Wärmeabstrahlung. Durch die Schweißverdunstung wird eine Abkühlung der Haut und des Blutes erzielt. Aus diesem Grund ist ausreichende Flüssigkeitsaufnahme wesentlich für die Vermeidung von Hitzeschäden. Durst ist dabei kein verläßliches Warnsignal, weil der Körper zwischen 2 bis 3 l Flüssigkeit verlieren kann, bevor sich ein Durstgefühl einstellt. Sobald erste sichtbare Anzeichen eines Hitzschlags eintreten – beispielsweise Muskelkrämpfe und Schwindel – steigt die Körpertemperatur bereits an. Frösteln und Verwirrtheit sind mögliche Folgen. Das Training ist sofort einzustellen und Flüssigkeit zuzuführen, sonst droht ein Hitzekollaps.

Beim Hitzekollaps schnellt die Körpertemperatur extrem nach oben. Die Haut wird rot und heiß, mitunter hört man auf zu schwitzen. Eine auch nur kurzzeitige Erhöhung der Körpertemperatur auf mehr als 41° C kann zu Schädigungen des Gehirns und anderer Organe führen. Wird die Körpertemperatur – durch Eintauchen des Betroffenen in kaltes Wasser oder sonstige Maßnahmen – nicht sofort reguliert, kann dies zum Tod führen.

Zur Vorbeugung von Hitzeschäden ist ausreichende Flüssigkeitsaufnahme, am besten in Form von kühlem, klarem Wasser *(S. 125–127)*, vor, während und nach sportlicher Aktivität unerläßlich. Bei schwülwarmer Luft sollte weniger intensiv trainiert werden, denn durch die hohe Luftfeuchtigkeit kann der Schweiß schlechter verdunsten.

Kälteschäden lassen sich durch intensiveres Training und wärmere Kleidung vermeiden. Zu den häufigsten Kälteschäden zählen Erfrierungen.

Weiße, gefühllose Hautabschnitte sind erste Anzeichen einer Erfrierung, bei der sich winzige Eiskristalle in der Zell- und Gewebsflüssigkeit bilden. Hände, Füße, Ohren und Gesicht sind am stärksten frostgefährdet. Langfristige Schädigungen können in der Regel durch sofortige, allmähliche Erwärmung der betroffenen Körperstellen vermieden werden. Nach Rückkehr von Körpergefühl und normaler Hautfarbe sollte man den Arzt aufsuchen.

Hypothermie ist eine nicht immer sofort erkennbare Form der Frostschädigung. Der Körper versucht bei Kälte eine Wärmespeicherung mittels Muskelzittern und eingeschränkter Durchblutung der Gliedmaßen zu erreichen. Bleibt die Person weiterhin der Kälte ausgesetzt, können sich erste Hypothermiesymptome, wie Benommenheit, Verwirrtheit, unkontrollierte Bewegungen und Muskelschlaffheit einstellen. Das Muskelzittern kann nachlassen, Bewußtlosigkeit eintreten. Ein schlagartiges Absinken der Körpertemperatur kann zu Ohnmacht und sogar zum Tod führen.

Die folgenden Maßnahmen schützen vor Unterkühlung:

Übermüdung vermeiden, die oft die Ursache für Hypothermie ist. Wer richtig mit seiner Energie umgeht, kann sich durch Bewegung warm halten.

Mehrteilige Sportkleidung tragen. Warme Luftschichten zwischen den Kleidungsstücken schützen den Körper besser vor Kälte als dicke Kleidung. Mehrere übereinandergetragene Teile fördern die Luftzirkulation.

Nur trockene Sportkleidung tragen. Feuchte Kleidung führt zu vermehrter Wärmeabstrahlung.

Eine Kopfbedeckung tragen, da der Kopf am meisten Körperwärme abgibt.

Schwachpunkte gezielt kräftigen

Bei den meisten Sportarten treten ganz bestimmte Verletzungen auf, die typisch für sie sind. Es gibt jedoch auch bei dieser Regel Ausnahmen: unter dem sogenannten Tennis-Arm, einer schmerzhaften Sehnenentzündung, leiden nicht nur Tennisspieler. Es handelt sich dabei viel mehr um ein Symptom, das ebenso durch angestrengte Garten- oder Schreinerarbeit oder auch durch sonstige, mit stereotyper Belastung von Unterarm und Handgelenk einhergehenden Aktivitäten ausgelöst werden kann. Dennoch trifft zu, daß bestimmte Sportarten bestimmte Verletzungsarten begünstigen. Obgleich beispielsweise sowohl im Lauf- als auch im Radsport die Beine die Antriebskraft liefern, klagen Radsportler vielfach über Beschwerden in Nacken und Kniebeugern, während Läufern Knie, Schienbeinmuskeln und Rücken die meisten Sorgen bereiten. Andere Sportarten beanspruchen wieder andere Körperbereiche: solche mit ständigem Tempowechsel, wie beispielsweise Tennis, bedeuten eine wesentlich erhöhte Knöchelbelastung, während dagegen bei Schwimmern z.B. Schulterbeschwerden häufig sind.

Obwohl Verletzungen nicht immer vermieden werden können, ist es doch möglich, das Verletzungsrisiko zu verringern, indem man seine Schwachstellen erkennt und diese gezielt zu kräftigen versucht. So läßt sich beispielsweise das sogenannte Läufer-Knie durch eine gründliche Kräftigung und Dehnung der Quadrizeps-Muskeln an der Oberschenkelvorderseite in vielen Fällen verhindern.

Die Tabelle auf der gegenüberliegenden Seite nennt einige wesentliche Schwachpunkte im Zusammenhang mit den beliebtesten Sportarten und verweist auf Übungen zur Kräftigung und Dehnung dieser Stellen. Machen Sie diese Übungen, um sich vor möglichen Verletzungen zu schützen. Die Übungen sind auch jenen zu empfehlen, die gerade eine Verletzung auskurieren, da sie die Heilung beschleunigen. Gegen sportliche Beanspruchung des verletzten Körperteils ist so lange nichts einzuwenden, wie sie keinerlei Schmerzen verursacht. Treten jedoch Schmerzen auf, sollte die Trainingsintensität gemindert oder eine Sportpause eingelegt werden. Im Falle sich verschlimmernder, ständig wiederkehrender oder anhaltender Schmerzen sollte man einen Sportmediziner oder anderen Facharzt aufsuchen.

Sportartenspezifische Verletzungen

AEROBIC
S. 44–59, 68–91, 116–119

Schienbeinschmerz und andere Verletzungen der Unterschenkel und Knie zählen zu den häufigsten Beschwerden. Zur Vorbeugung spezielle Aerobic-Schuhe tragen. Für eine geringe Belastung der unteren Körperhälfte sorgen, indem ein Fuß stets auf dem Boden bleibt (Low Impact Aerobic).

RUDERN
S. 72–77, 100–117

Eine zur Steigerung von Muskelkraft und aerober Ausdauer hervorragend geeignete Sportart mit bemerkenswert geringer Verletzungsrate. Dennoch klagen Rudersportler – besonders Anfänger – vielfach über Muskelschmerz und Muskelkater in Quadrizeps-, Schulter- und Oberarmmuskeln. Dehnübungen für den Schulterbereich eignen sich zur Vorbeugung.

RADSPORT
S. 46–47, 68–77, 100–103, 122–123

Obgleich der Körper keinen Aufprallerschütterungen ausgesetzt ist, sind Verletzungen beim Radsport, besonders bei langen Strecken, duchaus nichts Ungewöhnliches. Am häufigsten sind Sehnenentzündungen in Fußgelenk und Knie, Beschwerden im Handgelenk, Schmerzhaftigkeit des Nackens und der Quadrizeps-Muskeln. Auf geeignete Ausrüstung achten.

LAUFSPORT
S. 44–59, 68–91, 116–119

Überlastungsschäden an Knien, Unterschenkeln und Füßen sind übliche Symptome. Häufig treten Beschwerden im unteren Rückenbereich auf. Wichtig sind hochwertige Laufschuhe und korrekte Körperhaltung. Häufiges Dehnen der Wadenmuskulatur wirkt ebenfalls positiv. Bei Knieproblemen die Quadrizeps-Muskeln an der Oberschenkelvorderseite gezielt kräftigen.

FUSSBALL
S. 46–59, 68–91

Muskelkraft und Ausdauer stehen beim Fußballsport im Vordergrund. Mit einem ausgewogenen Dehn- und Kräftigungsprogramm läßt sich die Gefahr von Kniebeuger- und Wadenzerrungen, Knieschmerzen und Knöchelverstauchungen gering halten.

ROLLSCHUHLAUF/EISKUNSTLAUF
S. 44–59, 72–77

Beides sind anstrengende Sportarten, die Überlastungsschäden an den unteren Gliedmaßen hervorrufen können. Besonders hoch ist die Anfälligkeit für Fußgelenksverletzungen, Sehnenentzündung, Schienbein- und Knieschmerz. Eine Kräftigung der Quadrizeps- und Fußgelenksmuskeln trägt zur Verletzungsverhütung bei.

GOLF
S. 108–123

Obwohl Golf allgemein als entspannungsfördernder Sport gilt, setzt die durch den Golfschlag entstehende Körperdrehung und -schwingung Wirbelsäule, Schulterpartie und Nacken einer erhöhten Beanspruchung aus. Übungen für Schultern und Rücken dienen der Vorbeugung.

SKILAUFEN
S. 104–119

Beim Langlauf ist die Gefahr der Unfallverletzungen zumeist gering, jedoch kann kraftvolle Stockarbeit langfristig Überlastungsschäden an Oberarmen und unterem Rücken hervorrufen. Abfahrtsläufer sind weit häufiger von Unfallverletzungen infolge Sturzes betroffen.

TENNIS
S. 46–59, 100–121

Tennis und andere Schlagballsportarten führen oft zu einer Überlastung von Unterarmen, Schultern und Nacken. Abrupte Tempowechsel bedeuten zudem eine erhebliche Belastung für Fußgelenke und Unterschenkel. Schuhwerk sorgfältig wählen und auf korrekte Schlagtechnik achten. Dies gilt besonders für Rückhandschläge, die sonst zum Tennisarm führen können.

SCHWIMMEN
S. 108–123

Schwimmen zählt zu den Sportarten mit der niedrigsten Verletzungsrate überhaupt. Dennoch können Schulterrotation und ständiges Kopfdrehen zu Verletzungen der Schulter- und Hals-Nacken-Region führen, beides Bereiche daher, die gezielt gekräftigt werden sollten.

Gymnastikbänder aus Gummi und Gewichtmanschetten für Hand- und Fußgelenke *(oben)* dienen der Muskelkräftigung. Gummibänder gibt es in unterschiedlichen Stärken. Die Gewichtmanschetten sollten zwischen 1 kg und 2,5 kg wiegen.

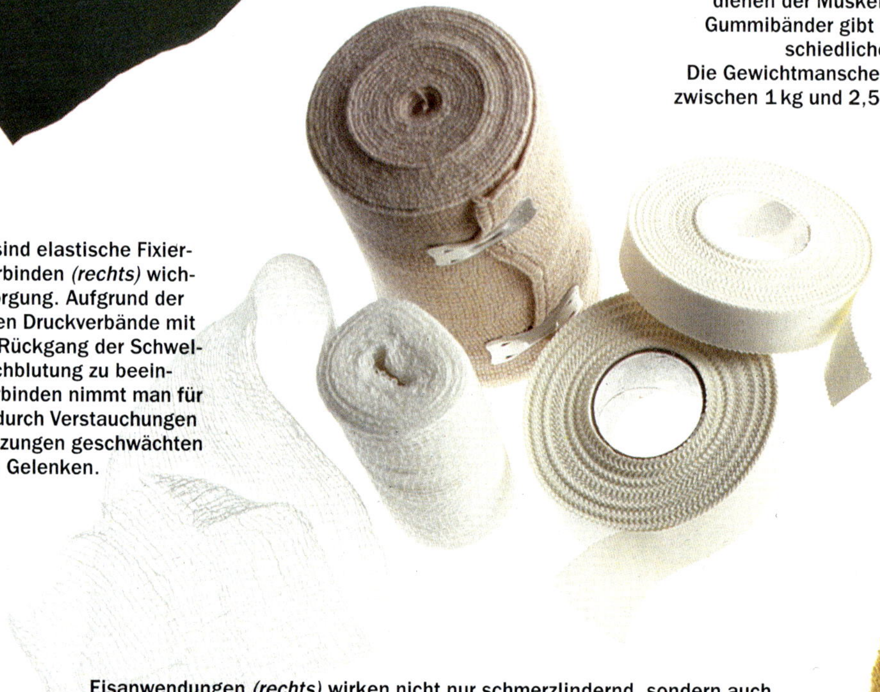

Im Verletzungsfall sind elastische Fixierbinden und Pflasterbinden *(rechts)* wichtig für die Erstversorgung. Aufgrund der Dehnfähigkeit führen Druckverbände mit Elastikbinden zum Rückgang der Schwellung, ohne die Durchblutung zu beeinträchtigen. Pflasterbinden nimmt man für Stützverbände bei durch Verstauchungen und sonstige Verletzungen geschwächten Gewebspartien und Gelenken.

Eisanwendungen *(rechts)* wirken nicht nur schmerzlindernd, sondern auch abschwellend. Oberflächlichere Schmerzen infolge Achillessehnenentzündung oder Knochenhautentzündung im Schienbeinbereich lassen sich durch Überstreichen des Verletzungsbereichs mit einem eisgefüllten Pappbecher behandeln, während bei tieferen Muskel- und Gelenksverletzungen in ein Tuch gewickelte Eiswürfel oder spezielle Eispackungen angebracht sind.

Bei Benutzung von Kurzhanteln sollte mit 1 kg bis 1,5 kg schweren Gewichten begonnen werden.

Mit dünnen Schaumstoffeinlagen für die Laufschuhe *(unten)* läßt sich der Aufprall dämpfen. Fußschmerzen können somit verhindert oder gelindert werden.

Hilfsmittel

Um effektiv zu sein, erfordern viele der in diesem Buch gezeigten Übungen einen Widerstand für die Muskelbewegung, den man mittels Gewichten oder Gymnastikgummibändern erreicht. Beide Hilfsmittel sind für Muskelkräftigung und -straffung gleichermaßen geeignet. Auf diesen beiden Seiten sind beide Trainingsinstrumente abgebildet, wobei bei den Übungen in diesem Buch die Gymnastikbänder aus Gummi jeweils durch Gewichtmanschetten für Hand- bzw. Fußgelenke ersetzt werden können und umgekehrt.

Gewichte gibt es in zahlreichen Sportgeschäften zu kaufen. Sollte es schwierig sein, Gymnastikgummibänder im Handel zu finden, kann man sie aus Fahrradschläuchen selbst basteln.

Die übrigen Abbildungen zeigen Gegenstände, die Schmerzen lindern helfen. Sie kosten nicht viel, und man enthält sie in den meisten Apotheken und Drogerien. Wer regelmäßig Sport treibt, sollte diese Dinge stets im Hause haben, neben der üblichen Erste-Hilfe-Ausrüstung, wie Pflasterbinden, sterilen Wundpäckchen, Mullbinden und Verbandschere.

In jedem der drei nachfolgenden Kapitel werden wichtige Verbandstechniken erklärt. Genaue Anleitungen zur Eisbeutelanwendung bei Bein- und Fußverletzungen sind auf S. 38–39 und 64–65 zu finden.

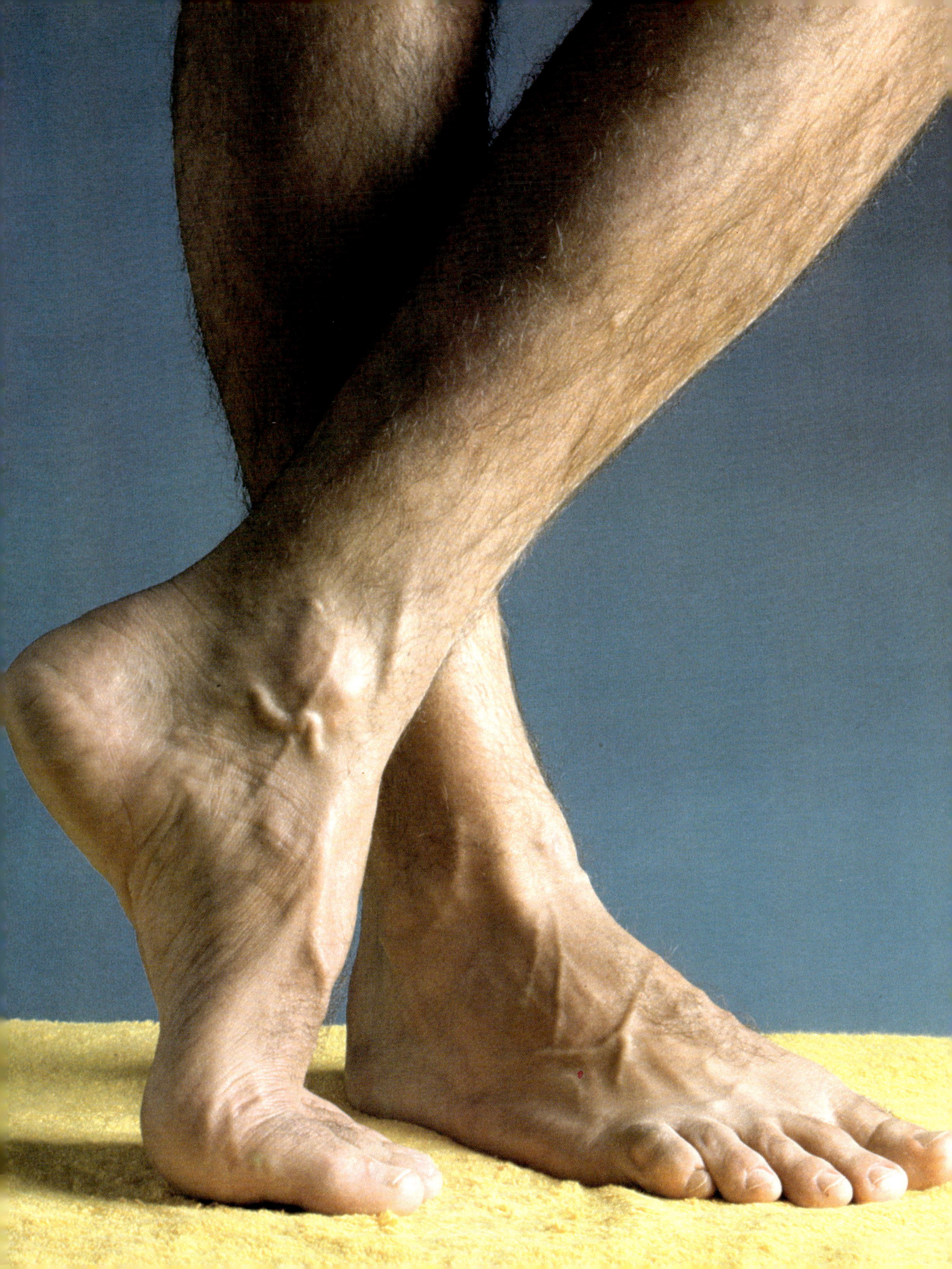

KAPITEL ZWEI

Unterschenkel

Belastungs- und Verletzungsschwerpunkt bei sportlicher Beanspruchung

Unterschenkel, Fuß und Fußgelenk sind häufiger von Sportverletzungen betroffen als andere Körperbereiche. Weil beim Gehen, Laufen, Springen, Treten und Tanzen die Unterschenkel den geballten Aufprall auffangen, sind sie Sitz zahlreicher Beschwerdebilder, von Blasen bis hin zu Ermüdungsbrüchen. Bei einer von der Sportmedizinischen Klinik in San Francisco mit mehr als 8000 Patienten über fünf Jahre hinweg durchgeführten Studie wies der Laufsport die häufigsten Verletzungen auf, von denen über 40 Prozent unterhalb des Knies auftraten. Die gleiche Studie hat gezeigt, daß 36 Prozent aller Verletzungen beim Basketball und 21 Prozent der Verletzungsfälle beim Tennis die Unterschenkel betreffen. Skifahrer, Fußballspieler und Teilnehmer an Aerobic-Kursen sind ebenfalls anfällig für Fuß-, Knöchel- und Unterschenkelverletzungen.

Wade, Fußgelenk und Fuß bilden einen für die Fortbewegung wesentlichen Hebel. In Aufbau und Funktion ausgesprochen komplex, gründet dieser Hebel auf Wadenmuskeln, Achillessehne, Fersenbein und Fußsohlensehnenplatte als seinen maßgeblichen Komponenten. Es handelt sich hierbei um eine Funktionseinheit, die sich vom Knie zur Ferse und entlang der Fußsohle zu den Zehen erstreckt. Beim Zehenstand beispielsweise, leistet die Wadenmuskulatur die meiste Arbeit. Durch Anspannung der Wadenmuskeln hebt die Achillessehne die Ferse vom Boden ab, welche ihrerseits an der Fersenbein und Zehen verbindenden Fußsohlensehnenplatte zieht.

Die Unterschenkelmuskeln, mit denen die Fußspitze angehoben wird (Dorsalflexion), verlaufen zwischen Schienbein und Wadenbein. Für das Senken der Fußspitze (Plantarflexion) ist eine größere und kräftiger entwickelte Gruppe von Wadenmuskeln zuständig. Die für die Dorsalflexion verantwortlichen Muskeln befinden sich an der Vorder- und Außenseite des Unterschenkels. Beim Anheben der Fußspitze spürt man deutlich, wie sich die Sehnen am Fußrücken und am Schienbeinansatz anspannen. Chronisch verspannte Wadenmuskeln führen zu einer Ungleichbelastung der Beinmuskulatur: in diesem Falle zieht die Ferse nach oben, und der Fuß wird nach unten gestreckt; damit nun aber der Fuß die normale Position behält, werden die gegenläufig wirkenden Schienbeinmuskeln kräftig angespannt. Diese andauernde Muskelanspannung führt oft zu solchen Beschwerden wie Schienbeinschmerz, Achillessehnenentzündung, Reizzuständen im Fußsohlenbereich und Ermüdungsbrüchen der Mittelfußknochen.

Verspannte Wadenmuskeln sind zumeist Folge von Schwäche, Überlastung oder beidem. Wird ein schwach ausgebildeter Muskel zu sehr beansprucht, verspannt er sich, und deshalb neigt man am Morgen nach einem anstrengenden Tennis-Match zu Muskelsteifheit. Bemüht man sich um eine allmähliche Fitness-Steigerung, statt mehrere Tage Inaktivität durch ein zu hartes Training wettmachen zu wollen, wird die Muskulatur sich auf die Anforderungen einstellen und nicht so leicht mit Ermüdung und Verkrampfung reagieren.

Von ermüdungsbedingten Schädigungen abgesehen, können Unterschenkel und Füße außerdem von akuten Verletzungen betroffen sein, etwa durch Umknicken des Fußes oder Anstoßen der Zehe. Sportarten mit abruptem Tempowechsel, wie Tennis oder Basketball, stellen dabei die größte Belastung dar, so daß Muskelzerrungen und Sehnenrisse bei diesen sportlichen Betätigungen keine Seltenheit sind.

Experten stimmen überein, daß der überwiegende Teil der Unterschenkelverletzungen das Fußgelenk, insbesondere die Außenseite, betreffen. In Anbetracht der enormen Belastungen, denen das Fußgelenk bei den meisten Sportarten ausgesetzt ist, ist es allerdings beinahe verwunderlich, daß die Verletzungsquote nicht höher liegt. Schließlich trägt ein einziger Knochen, nämlich das Sprungbein, nahezu das gesamte Körpergewicht, wobei die Belastung beim Laufen oder Springen noch um ein Vielfaches größer ist.

Einige Fußgelenks- und Wadenverletzungen können mit angemessenem Schuhwerk leicht vermieden werden. So sollte man beispielsweise nie in Laufschuhen Basketball spielen, da diese meist keine stabile Fersenfassung und Innenseitenverstärkung besitzen. Auch alte Schuhe mit

Unterschenkel

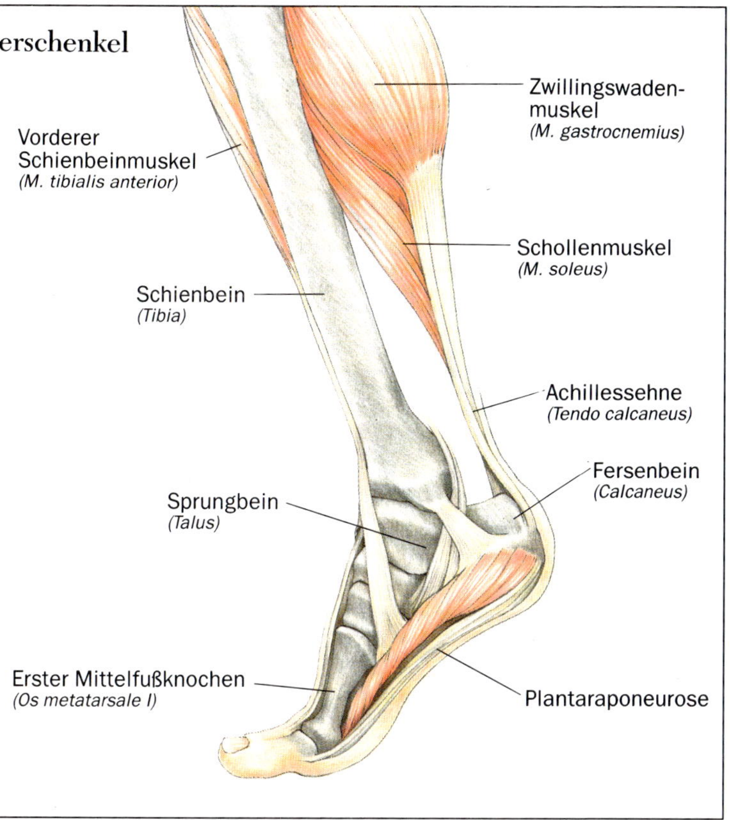

schief nach außen abgelaufenen Absätzen bedeuten eine gefährliche Belastung für das Fußgelenk.

Gleichmäßig ausgebildete Muskeln sind ebenfalls wichtig für die Verhütung von Verletzungen. Regelmäßiges Laufen beispielsweise kräftigt und strafft die Waden auf Kosten der gegenläufig wirkenden Schienbeinmuskeln, weshalb auf eine Dehnung der Waden und Kräftigung der Schienbeinmuskeln zu achten ist.

Die Wadendehnung hält zudem die Achillessehne geschmeidig und verringert die Verletzungsanfälligkeit. In diesem Zusammenhang muß ebenfalls auf bequemes, ausreichend gepolstertes Schuhwerk mit fester Fersenkappe geachtet werden.

Trotz bester Kondition und größter Vorsicht sind Verletzungen infolge von Überanstrengung oder Ungeschick nie ganz auszuschließen. Die beiden nächsten Seiten zeigen, wie man sich bei Überlastungsschäden mit Eismassagen behandeln kann. Danach werden Verbandstechniken zur Stützung verletzter Körperteile und Verhütung von Wiederverletzung erläutert. Die verbleibenden Kapitelseiten sind Übungen gewidmet, die den Heilungsprozeß beschleunigen und nach Wiederaufnahme sportlicher Aktivitäten eine konstant gute Verfassung garantieren.

Eismassage

Eismassagen haben sich bei den meisten Sportverletzungen, u. a. bei Muskelschmerz und Bänderdehnung, bewährt, wo sie für Schmerzlinderung, Blutstillung, Abschwellung und Heilungsbeschleunigung sorgen. Weil das Eis ständig hin und her bewegt wird, sind Erfrierungen der Haut ausgeschlossen.

Schmerzlinderung wird durch eine Verringerung von im Verletzungsbereich auftretenden Muskelkrämpfen und durch Dämpfung der Schmerzrezeptoren erreicht. Der wichtigste Heilfaktor jedoch ist die gefäßverengende Wirkung, durch die die innergewebliche Blutung gestillt wird. Je mehr die Gefäße sich dabei zusammenziehen, desto geringer ist die Blutansammlung im verletzten Gewebe. Dies wiederum führt langfristig zum Abklingen von Schwellungen und Schmerzen und verkürzt den Heilungsprozeß. Der verletzte Körperteil kann somit nach kurzer Zeit wieder belastet werden, wodurch die Gefahr von Muskelatrophie und -schwächung – beides Faktoren, die eine Wiederverletzung begünstigen –, erheblich gemindert wird.

Ohne ausdrückliche ärztliche Anweisung darf eine mit Schwellung verbundene Verletzung in keinem Fall mit Wärme behandelt werden. Durch Wärmeeinwirkung erweitern sich nämlich die Kapillaren, und die Schwellung nimmt dadurch zu.

Eispackungen lassen sich leicht herstellen, indem man Eiswürfel zerstößt, in ein Handtuch wickelt und gegen den Verletzungsbereich drückt. Das Handtuch verhindert direkten Kontakt mit dem Eis und schützt die Haut vor Kälteschädigung. Bei einer anderen Methode reibt man das Eis direkt auf die schmerzende Stelle. „Eisroller" – mit Wasser gefüllte und gefrorene Joghurt- oder Pappbecher – sind hierfür bestens geeignet. Wer sich häufiger verletzt oder zu Schienbeinschmerz oder Achillessehnenentzündung neigt, sollte sich daher mehrere solcher Eisroller im Gefrierfach bereithalten. Mit ihrer Hilfe läßt sich das Eis leicht halten und direkt auftragen, ohne daß die Finger vor Kälte schmerzen. Wichtig ist außerdem, daß der Verletzungsbereich mindestens auf Hüfthöhe hochgelagert wird, weil dies die Blutzufuhr drosselt und weiteres Anschwellen verhindert. Bei der Eismassage überstreicht man den Verletzungsbereich entweder in Kreisen oder kurzen Strichen. Dabei wird der oberste Streifen des Bechers jeweils weggerissen, sobald das Eis an der Oberfläche weggeschmolzen ist.

Eine Eismassage dauert nicht länger als 10 bis 15 Minuten. Sie ist abzubrechen, wenn die Haut rot oder ein brennender Schmerz spürbar wird. Gewöhnlich erfolgt die Behandlung drei- oder viermal täglich. Es gibt aber keine festen Regeln bezüglich der Häufigkeit, so daß sie bis zum völligen Abklingen der Schwellung beliebig oft wiederholt werden kann.

Den verletzten Körperteil hochlagern und ein Handtuch unterlegen. Den Eisroller fest gegen den Verletzungsbereich drükken. Bei vielen Verletzungen, z. B. Fußgelenksverletzungen, kreisförmig massieren *(gegenüberliegende Seite)*. Bei Achillessehnenentzündung *(kleine Abbildung)* an der Sehne auf- und abfahren.

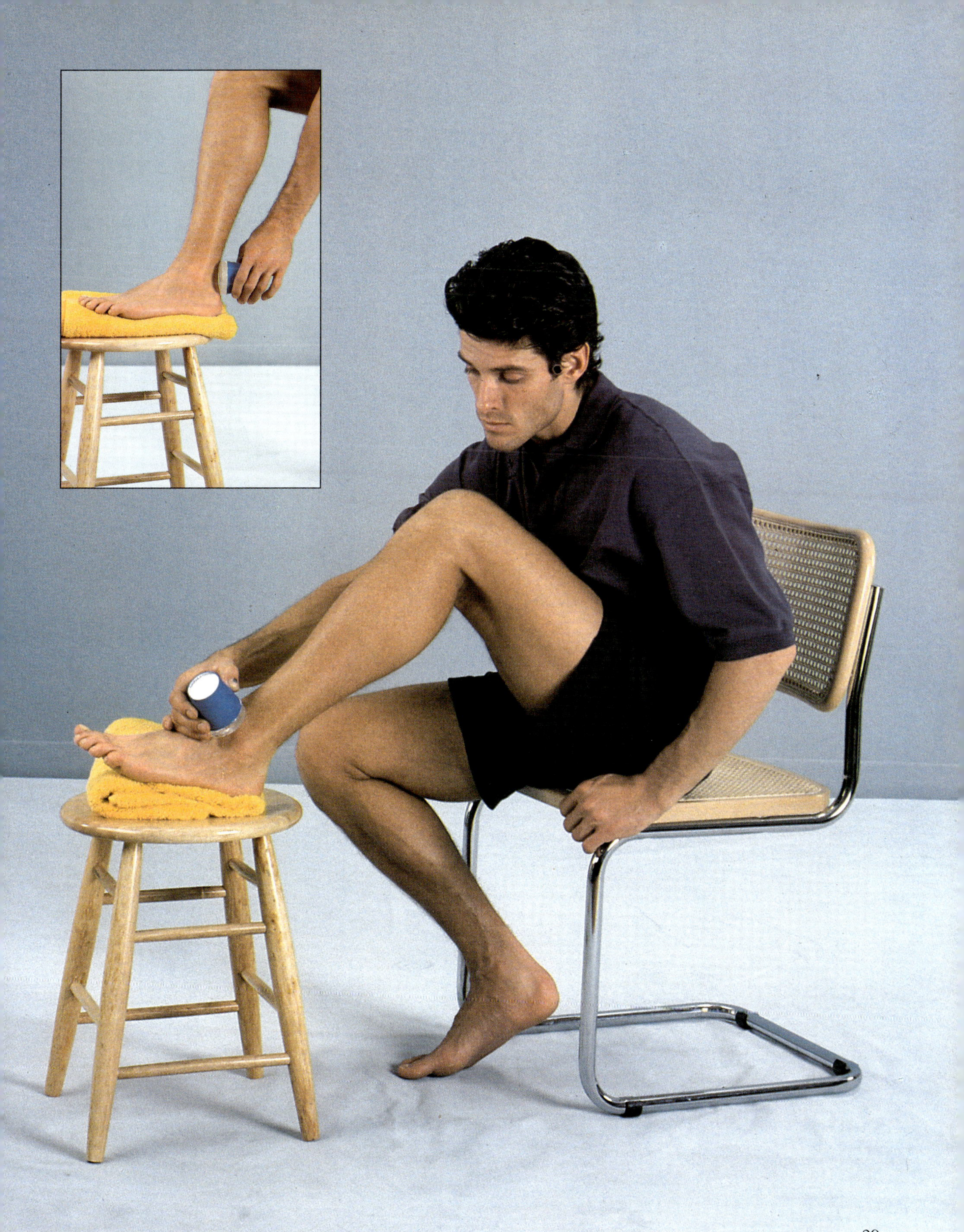

Verbände anlegen/1

Viele Profisportler und Betreuer sind der Ansicht, daß Erste-Hilfe-Verbände, die bei zahlreichen Muskel-, Sehnen- und Bandverletzungen routinemäßig angelegt werden, den Heilungsverlauf bei Sportverletzungen fördern. Weil die Ausheilung solcher Verletzungen lange Zeit in Anspruch nimmt, kommt es häufig zu Kraft- und Beweglichkeitsverlusten in den betroffenen Muskeln und Gewebeteilen.

Nach Wiederaufnahme des gewohnten Trainingspensums ist der Sportler folglich erhöht wiederverletzungsgefährdet. Durch Anlegen von Pflasterbinden beispielsweise wird der geschädigte Teil gestützt und entlastet, das Wiederverletzungsrisiko verringert. Stützverbände bedeuten – auch bei Anlegung durch den Fachmann – immer eine Bewegungseinschränkung. Mit der richtigen Verbandstechnik läßt sich dieses Problem jedoch gering halten. Am besten benutzt man zwischen 4 und 5 cm breite Klebebinden. Generell gilt, daß die Haut gründlich gereinigt und bei direktem Kontakt mit dem Kleber rasiert werden muß.

Sollte der Klebefilm Hautreizungen verursachen, nimmt man den Verband ab und unterlegt ihn mit einer Mullbinde. Müssen größere Körperbereiche, die man nicht gerne rasieren möchte, verbunden werden oder stellen sich allergische Hautreaktionen ein, sind ebenfalls Mullbinden zu benutzen.

Das Verbinden ernster Verletzungen, wie Fuß- oder Knöchelbrüche, sollte man unbedingt Ärzten oder Sportmedizinern überlassen, da zu fest angelegte Verbände die Durchblutung beeinträchtigen und andere Beschwerden verursachen können. Außerdem ist nur ein Arzt in der Lage, das Ausmaß der Verletzung korrekt einzuschätzen. Es erfordert schon einige Übung, um einen Verband sachgemäß anzulegen, sonst bewirkt er leicht das Gegenteil. Es gibt jedoch eine Reihe leichterer Schädigungen, wie z. B. auf S. 46 beschriebene Knöchelverstauchungen, bei denen man selbst zum Verbandszeug greifen kann.

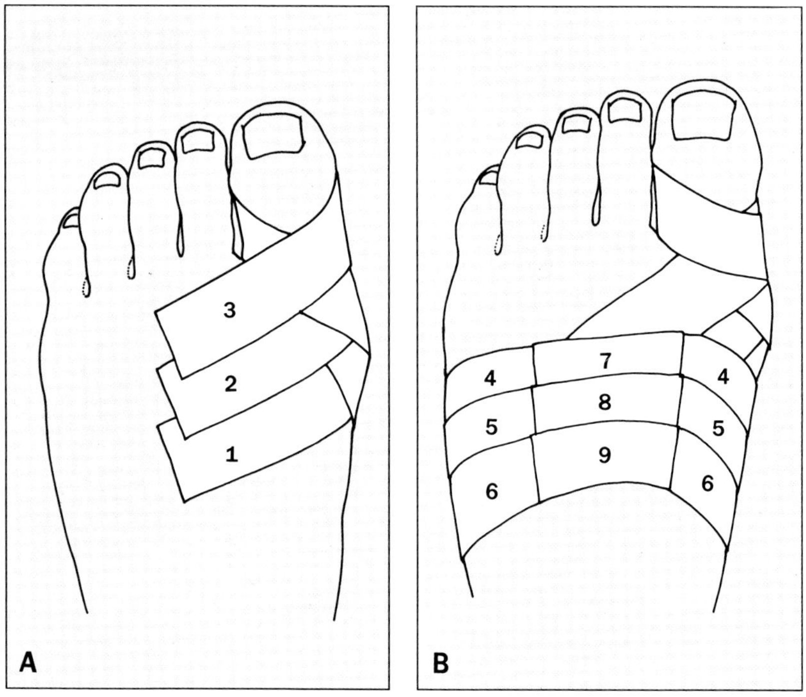

_A:_ Pflasterbinde zur Ruhigstellung der Großzehe unter dem Ballen beginnend entlang dem Fußrand um die Großzehe herum auf den Fußrücken führen _(1)_. Zwei weitere Streifen überlappend darüberkleben _(2, 3)_. _B:_ Verband durch drei rund um den Fuß verlaufende Pflasterquerstreifen _(4, 5, 6)_ sichern. Dann die Enden mit drei kurzen Streifen _(7, 8, 9)_ befestigen. (Pflaster haftet besser auf Pflaster als auf Haut.)

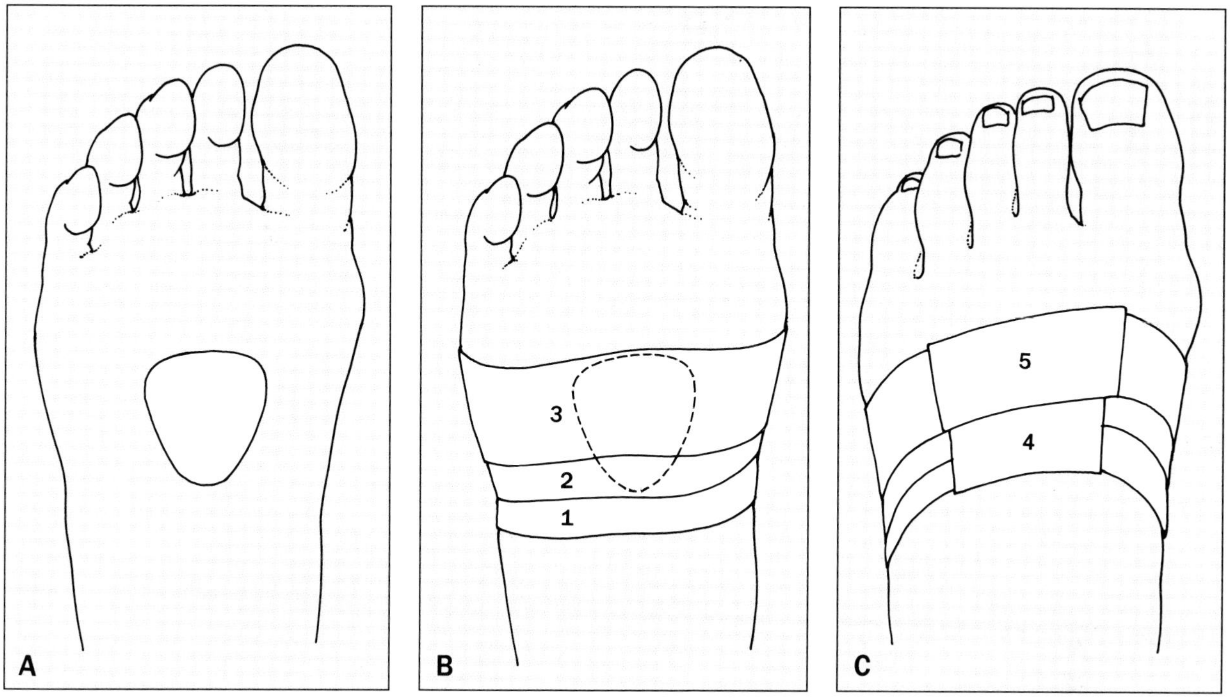

A: Zur Aufrichtung des Quergewölbes ein ovales Schaumgummiplättchen unterlegen. *B:* Das Plättchen mit drei Querstreifen *(1, 2, 3)* sichern, die oben auf dem Fußrücken nicht zusammenstoßen dürfen. *C:* Die Enden mit zwei kurzen Pflasterstreifen *(4, 5)* am Fußrücken fixieren.

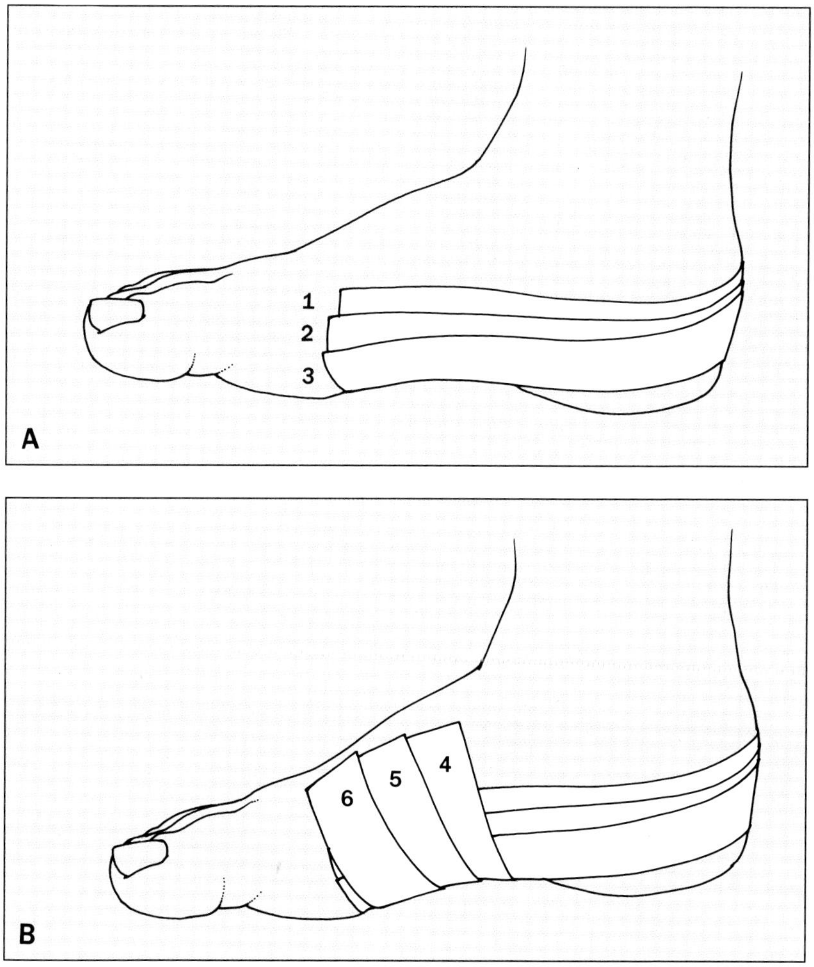

A: Bei Extrempronation und Schmerzhaftigkeit im Fußsohlenbereich den Fuß in Neutralstellung bringen. Drei überlappende Längsstreifen von der Fußaußenseite um die Ferse herum zur Innenseite bis knapp zum Ballen führen *(1, 2, 3)*. *B:* Die Längsstreifen mit drei überlappenden Querstreifen sichern *(4, 5, 6)*.

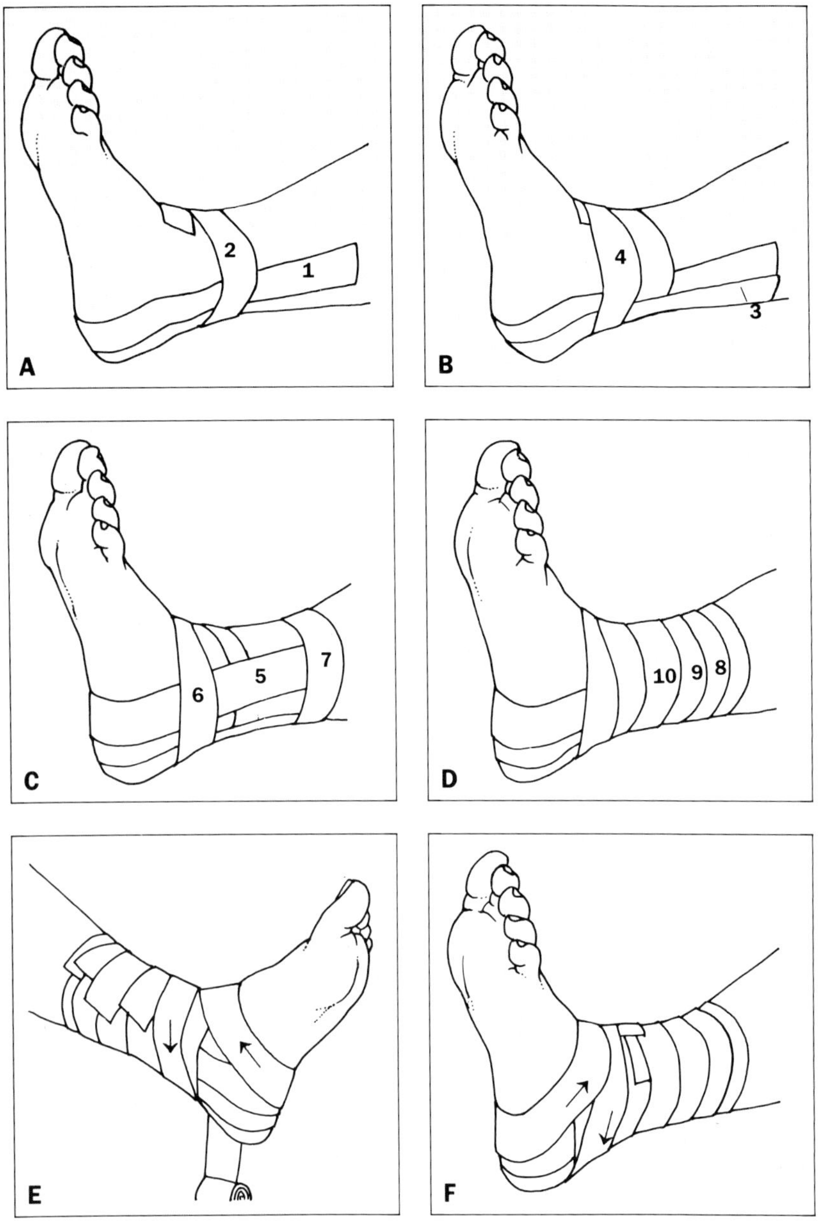

Verbände/2

A: Zur Versorgung bei leichter Knöchelverstauchung den Fuß rechtwinklig zum Unterschenkel halten. Die Pflasterbinde etwa 10 cm über dem Innenknöchel beginnend steigbügelartig um die Ferse bis 10 cm über den Außenknöchel führen *(1)*. Dann einen Streifen direkt oberhalb des Knöchels um das Gelenk wickeln *(2)*.
B: Streifen 3 setzt ebenfalls an der Unterschenkelinnenseite an und überdeckt Streifen 1 um knapp 2 cm. Streifen 4 parallel zu Streifen 2 überlappend rund um das Fußgelenk führen. *C:* Streifen 5 und 6 ebenso anlegen. Streifen 7 um den Unterschenkel führen und die Pflasterenden damit fixieren. *D:* Weitere Pflasterstreifen überlappend am Unterschenkel bis hinab zur Ferse anbringen *(8, 9, 10)*.
E: Die Ferse wie gezeigt umwickeln und stabilisieren. *F:* Weiter umwickeln und darauf achten, daß keine Lücken entstehen, die zu Blasen oder sonstigen Beschwerden, besonders entlang der Achillessehne, führen können.

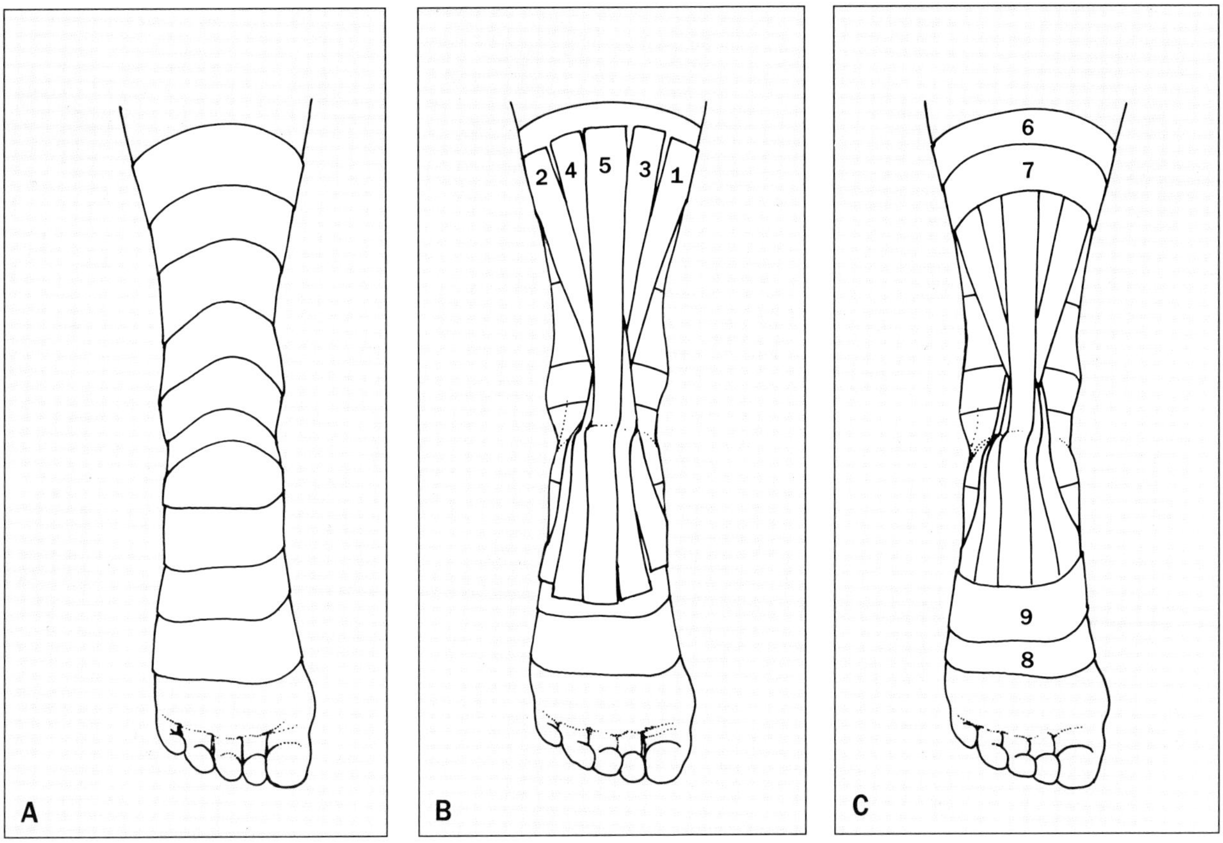

A: Bei Achillessehnenentzündung oder Wadenzerrung den Fuß rechtwinklig zum Unterschenkel halten und einen von den Zehengrundgelenken bis unter das Knie reichenden, mit je einem Pflasterstreifen befestigten Verband anlegen. *B:* Auf diesen Verband fünf von der Fußsohle bis zur Wade verlaufende Pflasterstreifen anbringen *(1, 2, 3, 4, 5)*. *C:* Die Enden mit zwei überlappenden Querstreifen rund um die Wade *(6, 7)* fixieren. Die unteren Enden ebenso *(8, 9)* befestigen.

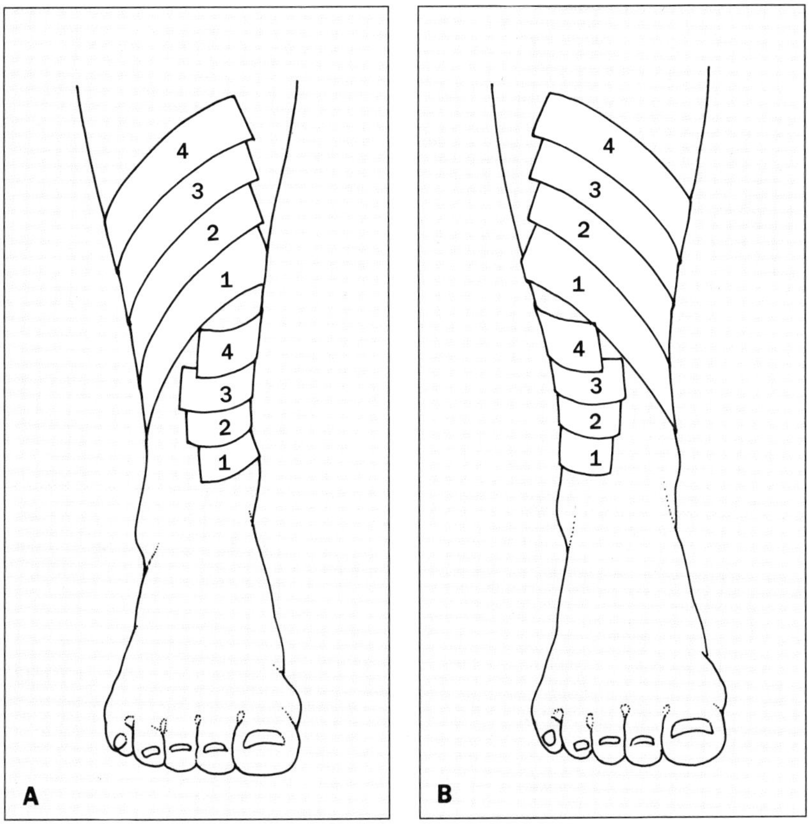

A: Bei Schienbeinschmerz mit dem Verbinden an der Unterschenkelaußenseite knapp über dem Innenknöchel beginnen *(1, 2, 3, 4)*. Den Verband über die Unterschenkelrückseite spiralförmig nach vorn führen. An der inneren Frontseite des Unterschenkels abschließen. So viele überlappende Streifen wie nötig anlegen.
B: Den Verband bei Schienbeinschmerz an der Unterschenkelinnenseite genauso anlegen, dabei allerdings vom Außenknöchel ausgehend.

Fuß

Der Fuß bildet ein elastisches Stützgewölbe, das durch Muskeln, Sehnen und Bänder zusammengehalten wird. Wenn das Körpergewicht auf ihm lastet, flacht das Gewölbe leicht ab. Dabei absorbiert und speichert es, ähnlich einem Gummiball, den man auf den Boden wirft, Energie, die in Bewegungsenergie umgesetzt wird und für die nötige „Federung" beim Vorwärtsgehen sorgt. Ohne diese Federung würden die Muskeln für die gleiche Arbeit zweimal soviel Sauerstoff brauchen.

Ein bindegewebiger Strang, die Plantaraponeurose, zieht entlang der Fußsohle vom Fersenbein zur Zehenbasis und ist – insbesondere beim Laufen – konstanter Belastung ausgesetzt. Reizungen und Risse in der Plantaraponeurose, die mit Schmerz und Schwellung im Fersenbereich einhergehen, sind daher vor allem bei Läufern ein häufig beobachtetes Übel. Vielfach kommt es dabei zur Ausbildung des sogenannten Fersensporns, einer schmerzhaften Kalkeinlagerung am Verbindungspunkt von Plantaraponeurose und Fersenbein, überwiegend verursacht durch Extrempronation, Schuhwerk mit schlecht ausgearbeitetem Fußbett oder Schuhen aus zu hartem Material.

Reizzustände von Plantaraponeurose und Fersensporn können mit Eismassagen behandelt werden. Fersen-Pads oder hufeisenförmige Schaumstoffeinlagen als Fersenschutz im Schuh haben sich ebenfalls bewährt.

Bei Neigung zu Fußbeschwerden hilft ein spezielles Kräftigungs- und Dehnprogramm. Die Übungen auf diesen beiden Seiten sollten mindestens zweimal täglich ausgeführt werden.

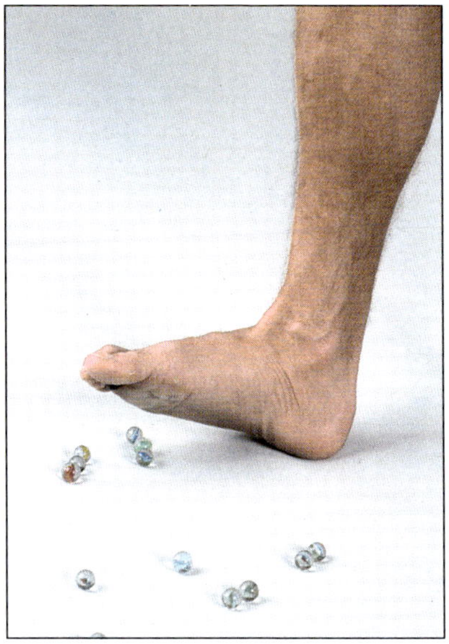

Ein Dutzend Murmeln nacheinander mit den Zehen aufnehmen und etwa 15 cm entfernt wieder auf den Boden legen.

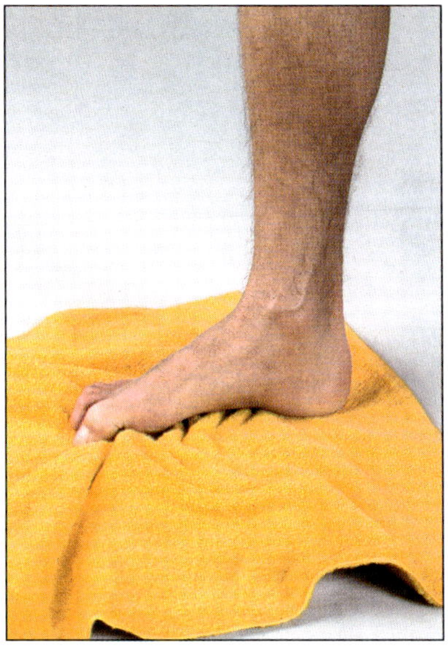

Den Boden (ohne Teppichbelag) mit einem Handtuch bedecken und den Fuß nahe einer Kante aufsetzen. Die andere Kante mit den Zehen heranziehen. Weiterüben, nachdem man die freie Kante mit etwa 1 kg beschwert hat.

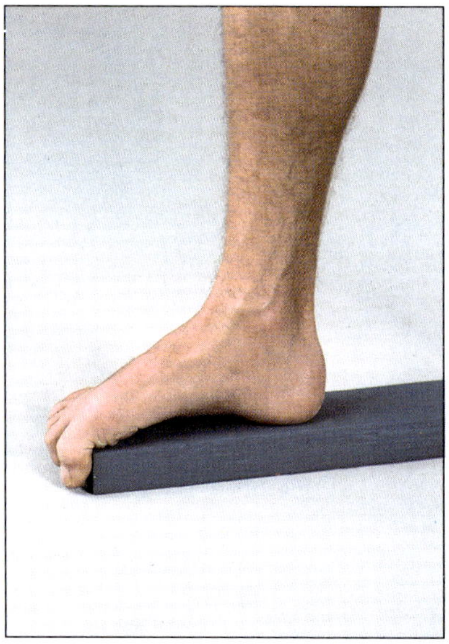

Ein Brett auf den Boden legen. Den Fuß so daraufsetzen, daß die Zehen über das Brett hinauszeigen. Die Zehen beugen und das Brett damit greifen, 5 Sekunden halten, danach die Zehen entspannen. Zehnmal wiederholen.

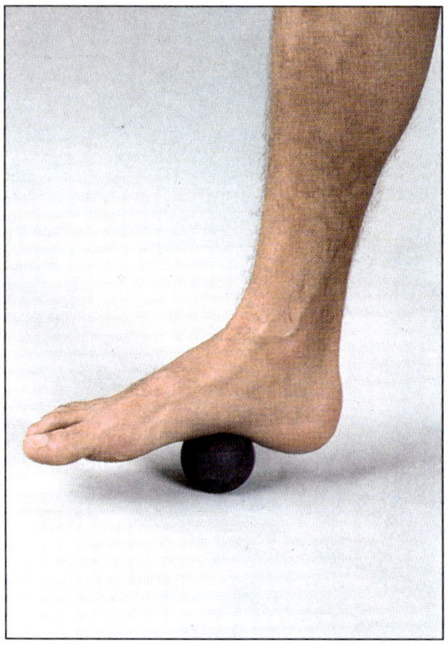

Muskeln und Sehnen der Fußsohle sanft massieren, indem man den Fuß über einen kleinen Ball rollt.

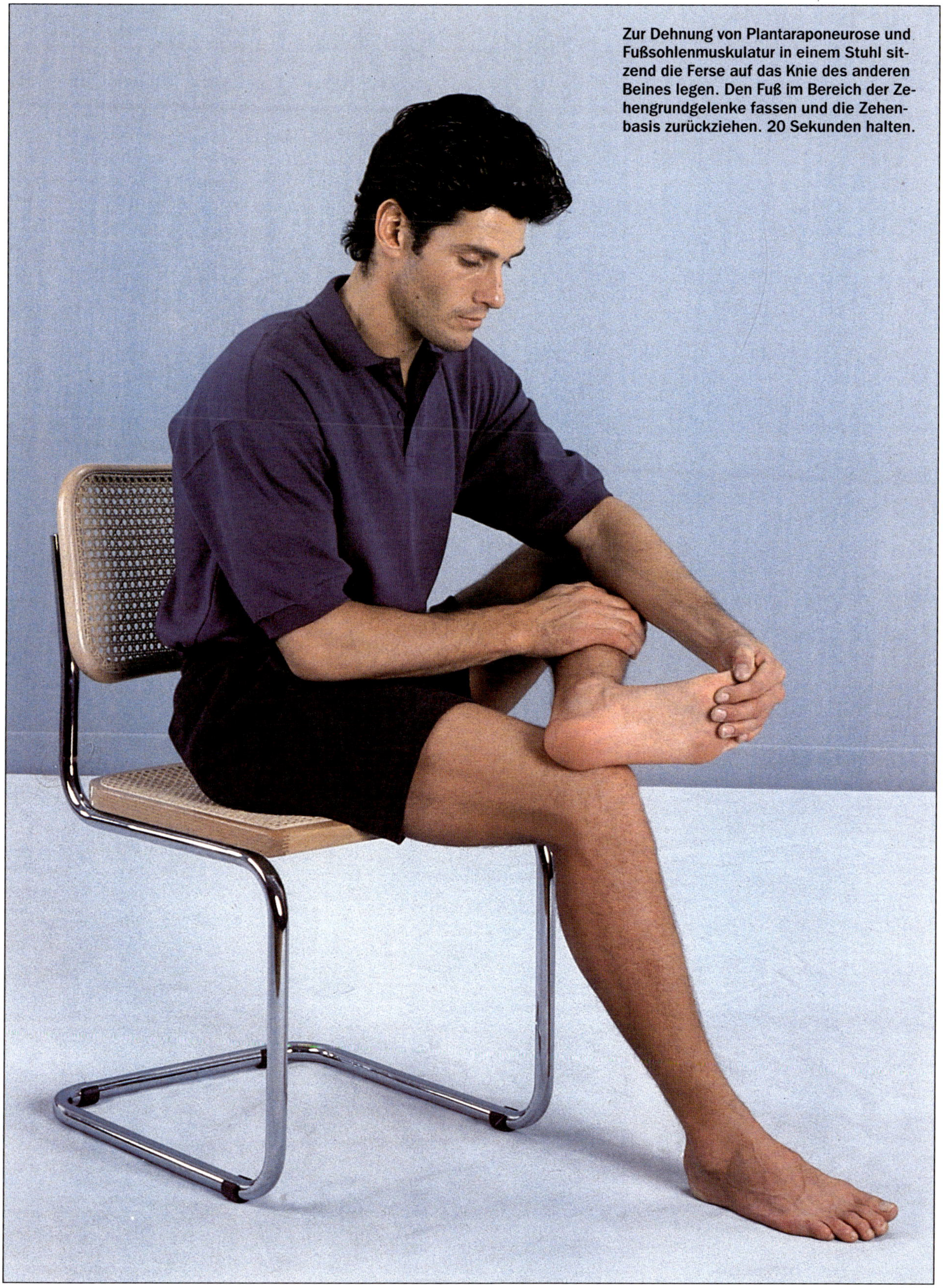

Zur Dehnung von Plantaraponeurose und Fußsohlenmuskulatur in einem Stuhl sitzend die Ferse auf das Knie des anderen Beines legen. Den Fuß im Bereich der Zehengrundgelenke fassen und die Zehenbasis zurückziehen. 20 Sekunden halten.

Fußgelenk/1

Obgleich es zumeist empfindlich und wenig belastbar erscheint, ist das Fußgelenk in Wirklichkeit recht robust, besonders angesichts der Tatsache, daß es sich um ein kleines Gelenk handelt, auf dem viel Gewicht lastet. Seine Sehnen und Bänder gehören zu den kräftigsten im gesamten Körper, während die Muskulatur im Vergleich zu anderen Gelenken eher schwach ausgebildet ist.

Bei Verstauchungen kommt es zu Einrissen oder kompletten Rupturen im Bandapparat. Von allen Sportverletzungen treten Verstauchungen im Bereich des Fußgelenks am häufigsten auf. In einer mit Kadetten einer amerikanischen Militärakademie durchgeführten Untersuchung erlitten ein Drittel aller sportlich aktiven Männer solche Verstauchungen. Ebenso zeigte eine Studie mit 3000 Gymnasiasten, daß ein bedeutender Prozentsatz aller Sportverletzungen das Fußgelenk betraf, wobei Verstauchungen am weitaus häufigsten waren.

Verstauchungen des Fußgelenks lassen sich in drei Schweregrade unterteilen. Grad I: Geringfügige Schmerzen und Schwellung bei uneingeschränkter Gehfähigkeit. Grad II: Mittelschwere Schmerzen und Schwellung bei eingeschränktem Steh- und Gehvermögen. Grad III: Starke Schmerzen und Schwellung; das Gelenk kann nicht normal bewegt werden; völlige Belastungsunfähigkeit. Bei Grad-III-Verletzungen ist unverzüglich ein Arzt oder die Unfallstation eines Krankenhauses aufzusuchen. Obgleich weniger schwerwiegend, erfordern auch Grad-II-Verletzungen die Behandlung durch einen Arzt oder Sportmediziner. Bei Grad-I-Verletzungen empfiehlt sich zunächst eine Versorgung nach dem RKDH-Prinzip *(S. 24–25)*.

Nach Abheilen der Verletzung sollte das Gelenk so rasch wie möglich wieder aktiv belastet werden. Solange dies zu keinerlei Schmerzen führt, besteht kein Anlaß zur Sorge. Am besten beginnt man mit langsamem Gehen, wobei die Schritte allmählich länger und schneller werden. Das Üben auf dem Fahrradergometer hat sich in diesem Fall ebenfalls als wirksame Rehabilitationsmaßnahme erwiesen.

Der sicherste Weg zu Gelenkstabilisierung und Verhütung von Wiederverletzung liegt in der Kräftigung der Unterschenkelmuskulatur, wodurch das Risiko von Fußgelenksverletzungen von vornherein gering gehalten wird. Die Übungen auf dieser und den nächsten Seiten dienen allesamt der Kräftigung des Fußgelenks.

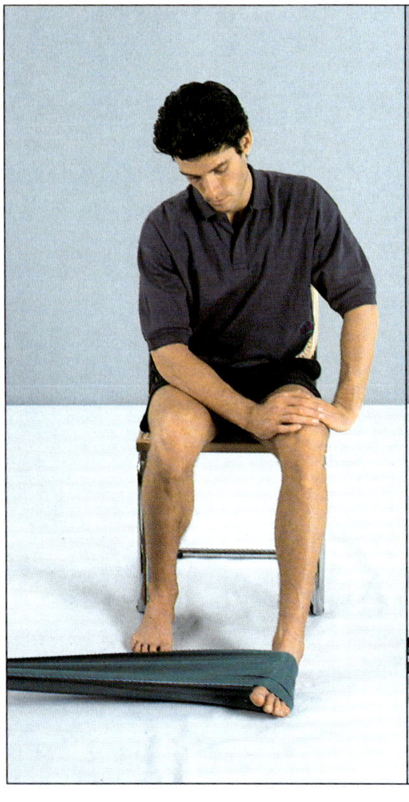

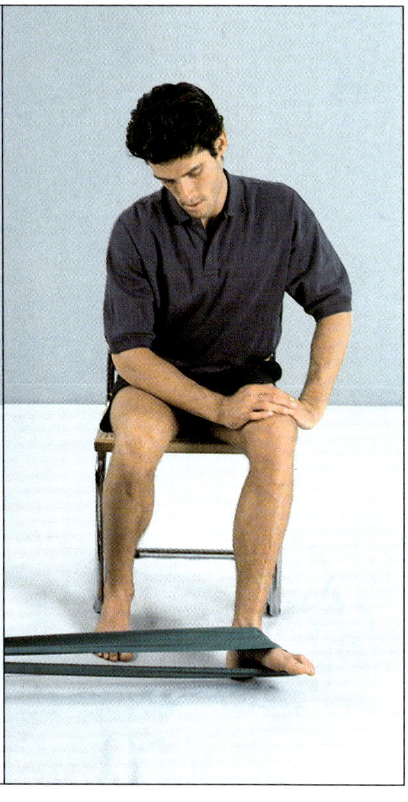

Zur Stärkung der den Fuß nach außen drehenden Muskeln Gymnastikgummiband an einem Tischbein befestigen. Mit der rechten Oberkörperseite zum Tischbein sitzend, den linken Fuß in die Schlinge legen *(ganz links)*. Während Ferse und Knie unbewegt bleiben, den Fuß anheben und so weit wie möglich nach links drehen *(links)*. Dreimal 10 Drehungen ausführen. Anschließend den Stuhl umdrehen und die Übung mit dem rechten Fuß wiederholen.

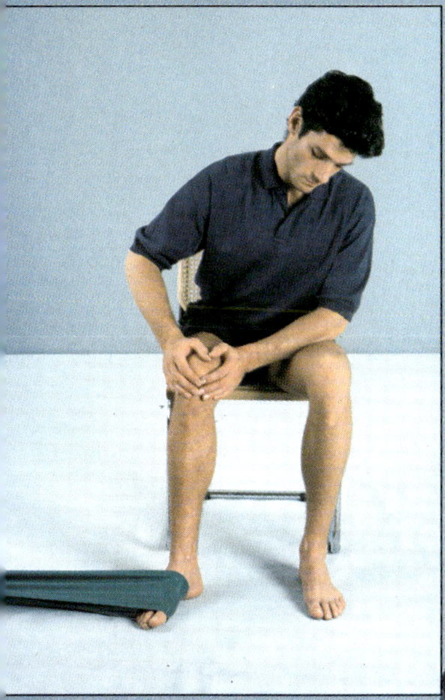

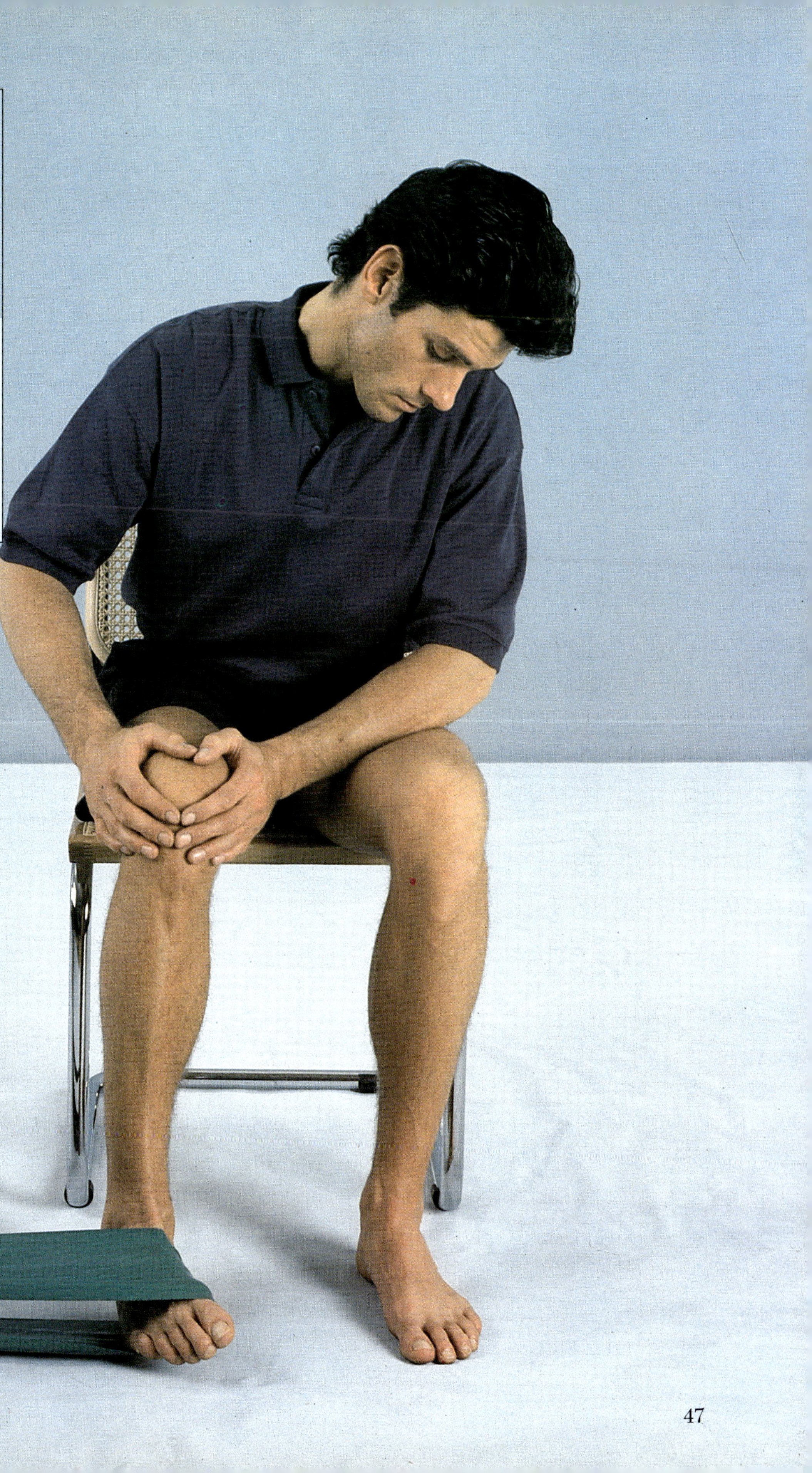

ei dieser Übung liegt das Band um
en Fuß, der näher am Tischbein ist
oben). Zur Kräftigung der für die Ein-
ärtsdrehung verantwortlichen Mus-
eln bleiben Knie und Ferse unbe-
egt, während der Fuß nach innen
edreht wird *(rechts)*.. Den Stuhl um-
rehen; mit dem linken Fuß üben.

Fußgelenk/2

Gummiband am Tischbein befestigen. Mit angewinkelten Beinen auf dem Boden sitzen. Zur Auswärtsdrehung das Band um den weiter vom Tischbein entfernten Fuß schlingen *(rechts)*, zur Einwärtsdrehung um den Fuß näher am Tischbein. Oder sich auf die rechte Seite auf eine Bank oder ein feststehendes Bett legen, wobei der linke Fuß über das Fußende hängt. Eine Gewichtmanschette um das Fußgelenk legen. Den Fuß nach oben ziehen und so eine Auswärtsdrehung ausführen *(unten)*. Umdrehen und mit rechtem Fuß wiederholen.

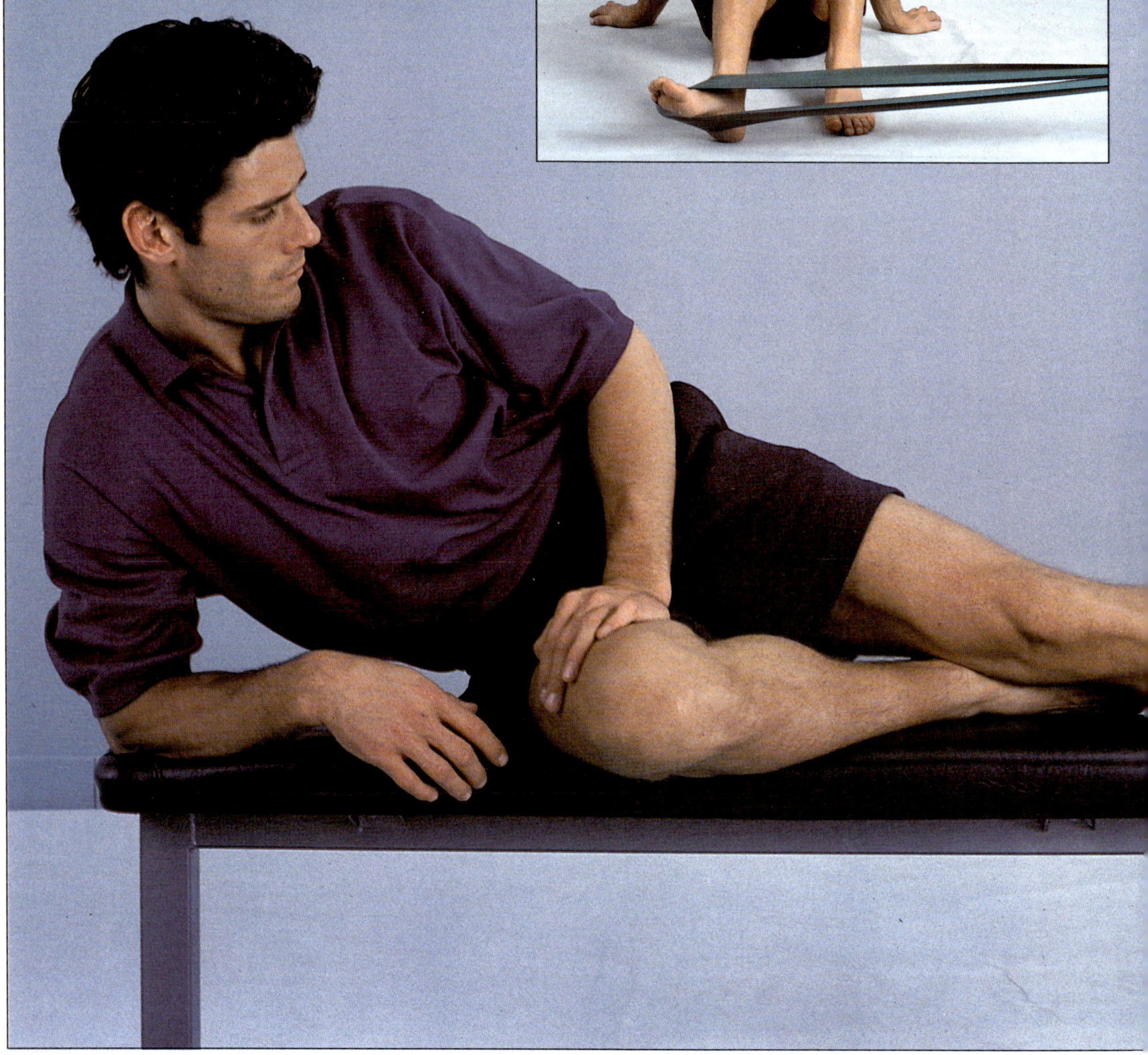

Zur Einwärtsdrehung ohne Gummiband sich auf den Boden setzen, die Beine anwinkeln. Ein Handtuch zwischen die Füße nehmen und so fest wie möglich zusammendrücken. Das Tuch 5 Sekunden halten, dann entspannen.

Fußgelenk/3

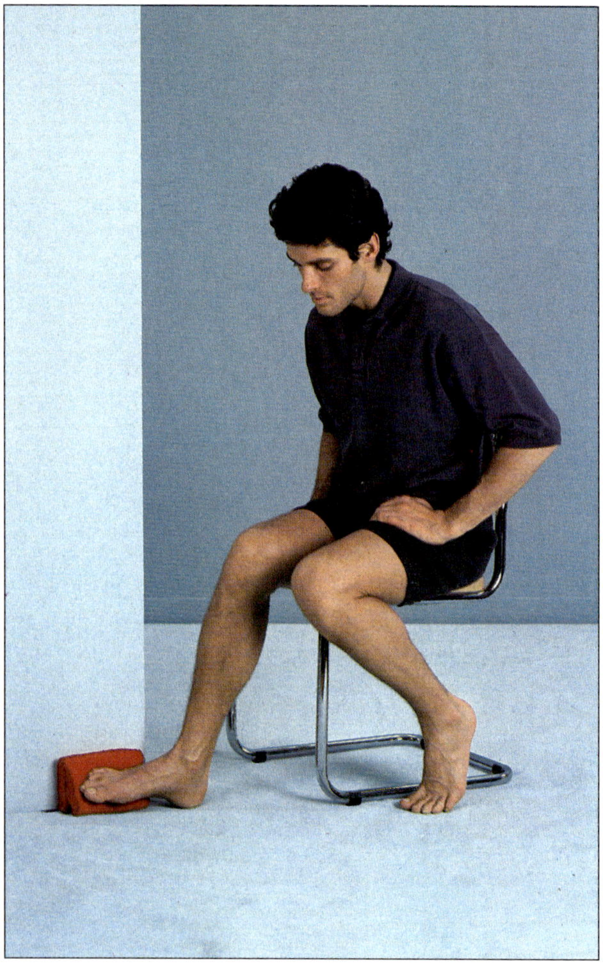

Zur Auswärtsdrehung des Fußgelenks im Sitzen einen Stuhl in Nähe eines Wandvorsprungs oder Schreibtischfußes aufstellen, den rechten Fuß gegen die Wand lehnen. Ein Handtuch zwischen Fuß und Wand legen. Während die Ferse auf dem Boden ruht, die Fußaußenseite 5 Sekunden lang so fest wie möglich gegen die Wand drücken; danach entspannen. Dreimal 10 Drehungen ausführen. Dann den Stuhl umdrehen und die Übung anschließend mit dem linken Fuß wiederholen.

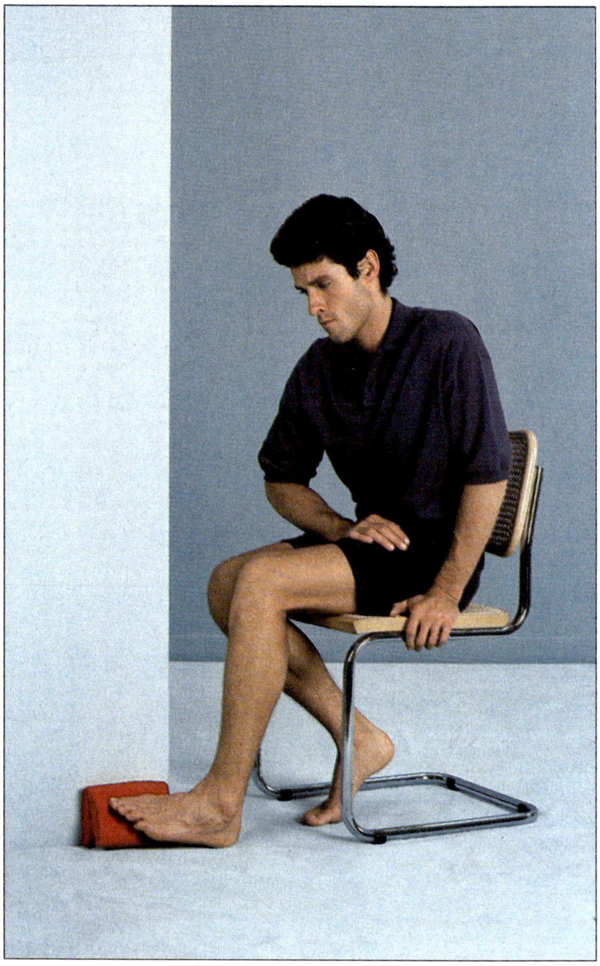

Zur isometrischen Kräftigung der einwärtsdrehenden Muskeln den Stuhl näher zur Wand rücken. Als Polster ein Handtuch zwischen Wand und Fuß legen. Während die Ferse fest auf dem Boden ruht, 5 Sekunden lang mit der Innenseite des linken Fußes gegen das Handtuch drücken, dann entspannen. Den Stuhl umdrehen und mit dem rechten Fuß wiederholen.

Eine Kräftigung der Fußgelenke wird auch erreicht, indem man die Fersen gegeneinanderstellt und die Füße im rechten Winkel nach außen dreht. An einem Stuhl festhalten und die Zehen anziehen. Dabei versuchen, die Fußaußenseiten weiter anzuheben als die Innenseiten. 5 Sekunden so stehen bleiben, dann entspannen. Zehnmal wiederholen.

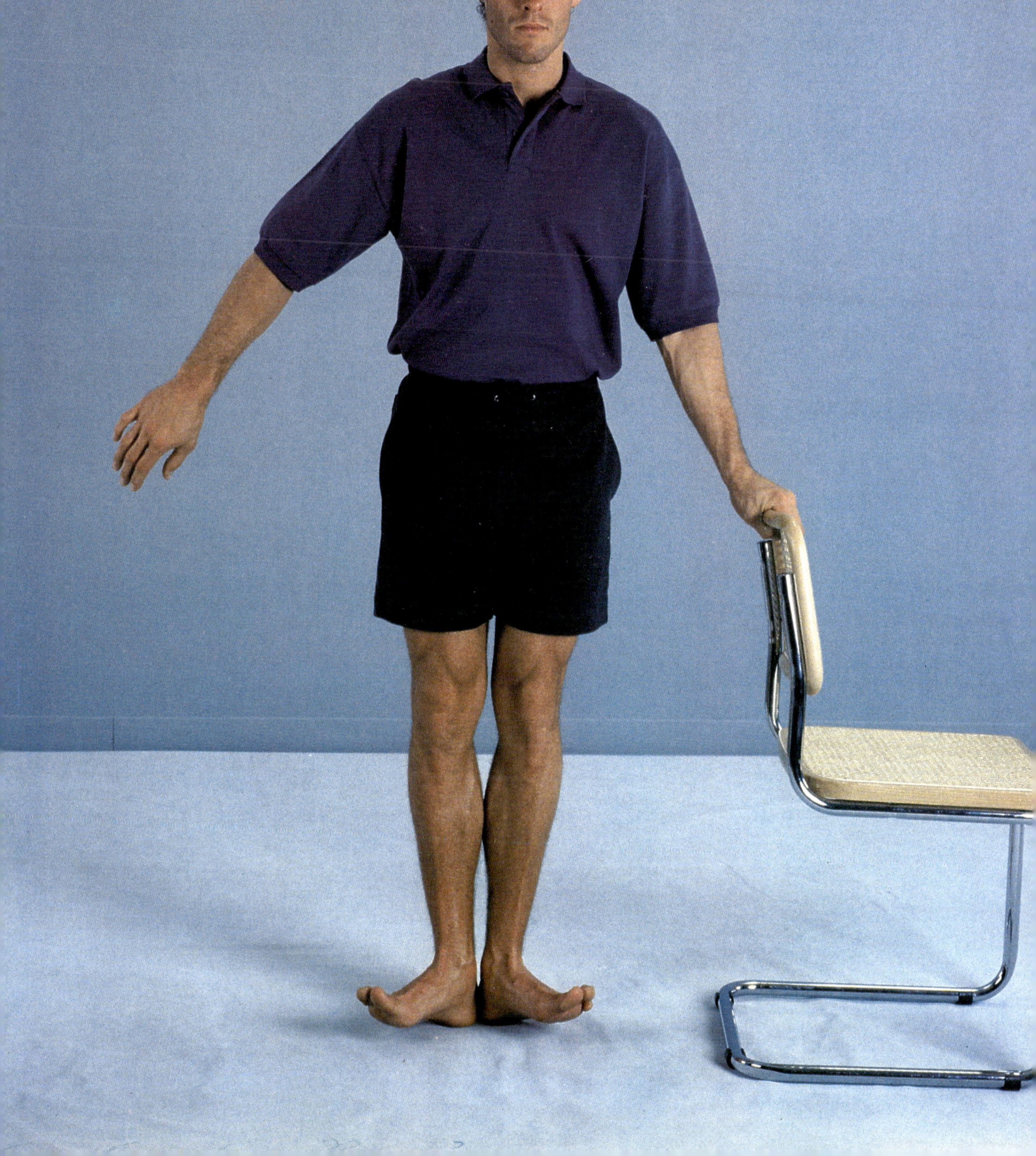

Wade und Achillessehne/1

Der Zwillingswadenmuskel *(M. gastrocnemius)* verläuft vom Knie abwärts an der Unterschenkelrückseite. Er setzt an der Achillessehne an, die im Fersenbein verankert ist. Aufgrund seiner Wirkung über zwei Gelenke ist die Verletzungsgefahr beim Zwillingswadenmuskel doppelt so hoch. Bei einem weiten Ausfallschritt z. B. sind Knie und Fußgelenk völlig gestreckt, wodurch dieser Muskel geschädigt werden kann. Die Wade beginnt zu schmerzen, und möglicherweise kommt es zu Muskelkrämpfen, die mitunter sehr schmerzhaft sind. Gegen Wadenkrämpfe haben sich sofortiges Dehnen der Muskulatur und Eismassagen bewährt.

In der Regel entsteht eine Achillessehnenentzündung durch die Überanstrengung und Verspannung der Wadenmuskulatur (einschließlich des *M. gastrocnemius* und *M. soleus*). Es kommt zu Entzündungszuständen, die dann das umliegende Gewebe anschwellen lassen und in schlimmen Fällen heftige Schmerzen bereiten. Zur Linderung werden Ruhe, Eismassagen und Dehnübungen empfohlen.

Die Übungen auf dieser und den folgenden drei Seiten dienen der Verhütung von Wadenverletzungen und Achillessehnenentzündungen.

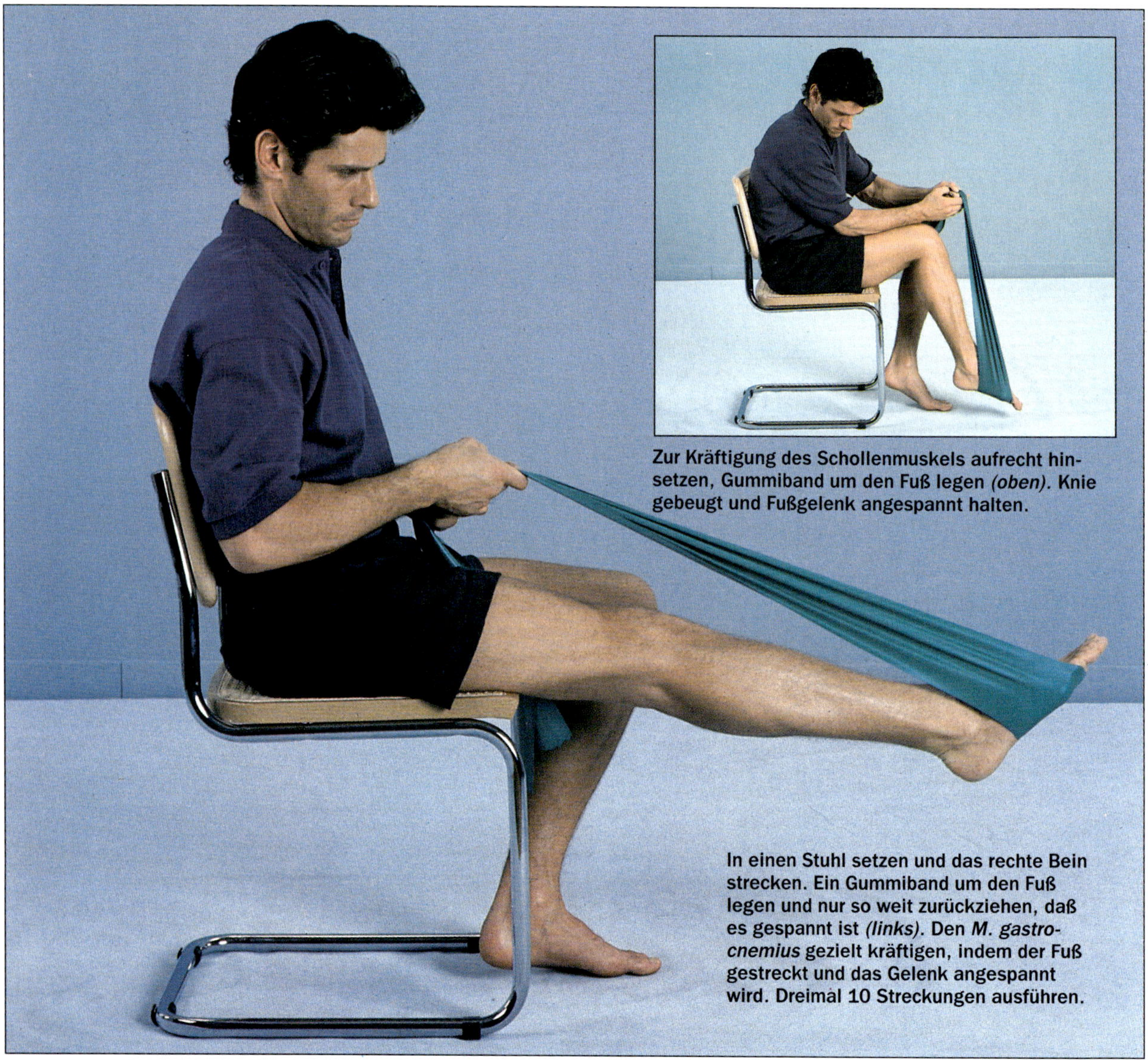

Zur Kräftigung des Schollenmuskels aufrecht hinsetzen, Gummiband um den Fuß legen *(oben)*. Knie gebeugt und Fußgelenk angespannt halten.

In einen Stuhl setzen und das rechte Bein strecken. Ein Gummiband um den Fuß legen und nur so weit zurückziehen, daß es gespannt ist *(links)*. Den *M. gastrocnemius* gezielt kräftigen, indem der Fuß gestreckt und das Gelenk angespannt wird. Dreimal 10 Streckungen ausführen.

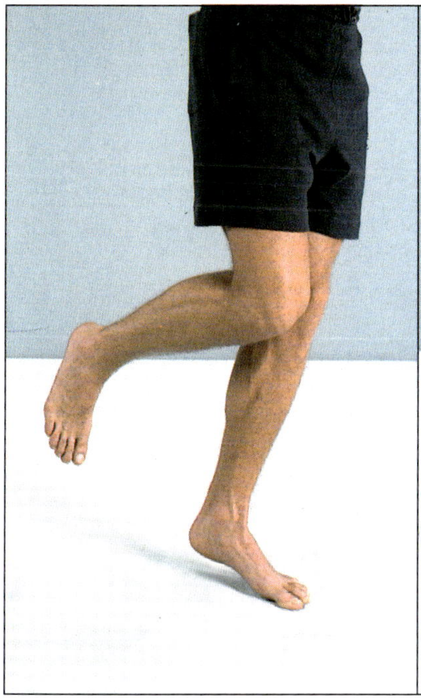
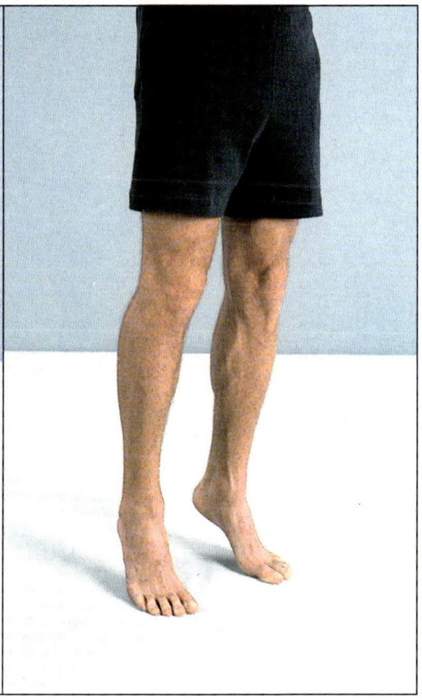

Bei der sogenannten exzentrischen Kontraktion wird der Muskel allmählich verlängert, indem er auf äußere Krafteinwirkung reagiert. Diese Kräftigungsmethode kommt zur Wirkung, indem man sich auf die Zehenspitzen stellt *(links).* Den rechten Fuß heben und die linke Ferse langsam wieder senken *(ganz links).*
Mit dem rechten Bein wiederholen.

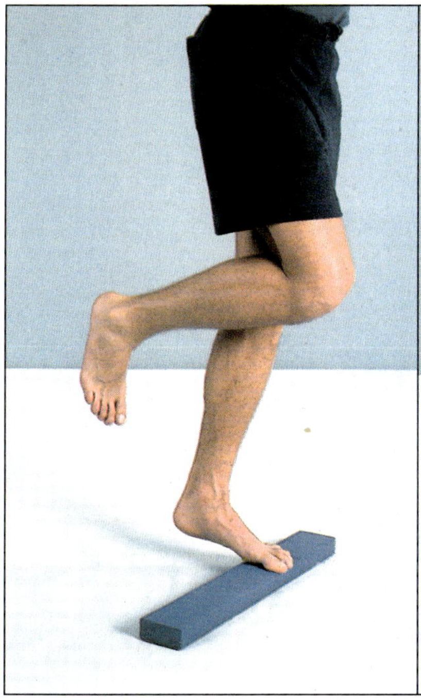
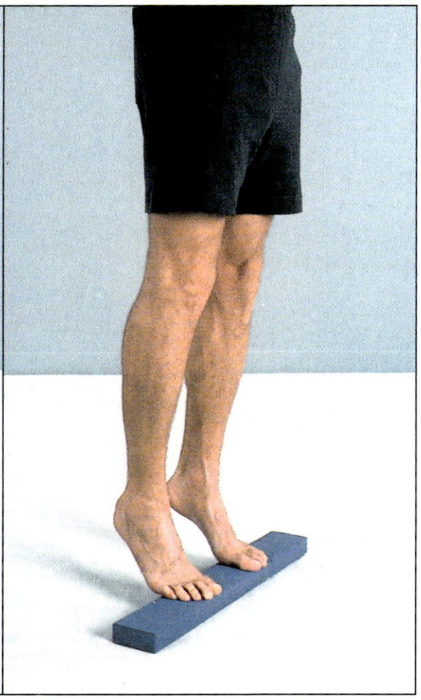

Zur Steigerung der Schwierigkeit ein Holzbrett auf den Boden legen. Mit den Ballen auf das Brett stellen und in den Zehenstand gehen *(links.)* Den rechten Fuß heben. Zur exzentrischen Beanspruchung des linken Wadenmuskels die linke Ferse langsam zum Boden absenken *(ganz links).* Die Übung mit dem rechten Bein wiederholen.

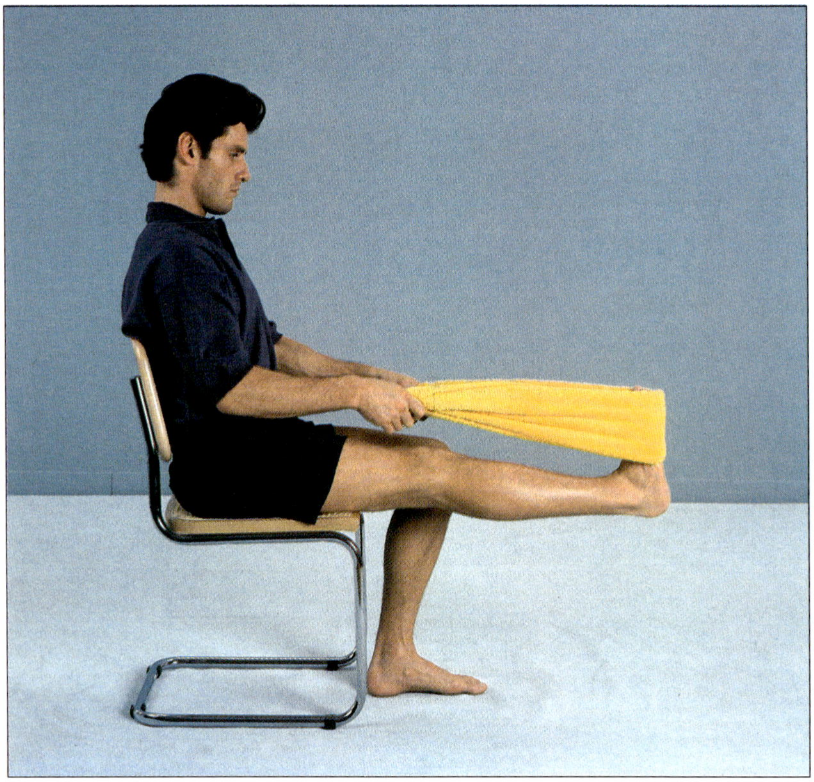

Wade und Achillessehne/2

Zur Dehnung des *M. gastrocnemius* mit gestrecktem rechten Bein in einen Stuhl setzen. Ein Handtuch um den Fuß legen und daran ziehen, bis eine Dehnung des Wadenmuskels spürbar wird. 20 Sekunden halten. Die Übung mindestens einmal wiederholen und danach mit dem linken Bein ausführen.

Zur Dehnung des *M. soleus* in einen Stuhl setzen und ein Handtuch um den rechten Fuß legen. Das Knie gebeugt halten und an den Handtuchenden ziehen, bis eine Dehnung in der Wade spürbar wird. 20 Sekunden halten. Die Übung mindestens einmal wiederholen, danach mit dem rechten Bein ausführen.

Ein keilförmig zugeschnittenes Stück Holz 30 bis 45 cm von einer Wand entfernt auf den Boden legen. Darauf stehen und mit gestreckten Beinen gegen die Wand lehnen, um *M. gastrocnemius* und den *M. soleus* zu dehnen. Die Position 20 Sekunden halten, dann wiederholen.

Schienbein

Obgleich das Schienbein hauptsächlich aus Knochen zu bestehen scheint, und kaum aus beweglichen Teilen oder Muskeln, verursacht es bei sportlich aktiven Menschen mitunter beträchtliche Schmerzen. Unter Schienbeinschmerz fallende Schädigungen machen 10 bis 15 Prozent aller beim Laufsport erlittenen Verletzungen aus. Tatsächlich bezeichnet der Begriff „Schienbeinschmerz" eine Vielzahl von Beschwerden unterschiedlichen Grades, von leichten Reizzuständen bis hin zu Ermüdungsbrüchen. Obgleich Schwellungen selten sind, klagen Betroffene über erhöhte Empfindlichkeit im Schienbeinbereich sowie über Schmerzen an der Beinvorder- und -außenseite nach dem Training, beim Gehen oder auch im Ruhezustand.

Zu intensives Training und ungeeignetes Schuhwerk sind die häufigsten Ursachen für Schienbeinbeschwerden, doch können auch biomechanische Defekte eine Rolle spielen, wobei die extreme Einwärtsdrehung des Fußes (Pronation) ein wichtiger Faktor ist.

Schienbeinschmerzen verschwinden oft rasch wieder, wenn man sein Training einschränkt. Auch Eismassagen haben sich als wirkungsvoll erwiesen. Nach Abklingen der Schmerzen kann man mit einem Übungsprogramm beginnen, das eine Dehnung der Wadenmuskeln *(S. 54– 55)*, Fußeinwärtsdrehung *(S. 47–50)* und die auf diesen beiden Seiten demonstrierten Übungen umfaßt. Ein chronischer Schienbeinschmerz sollte ärztlich diagnostiziert und behandelt werden.

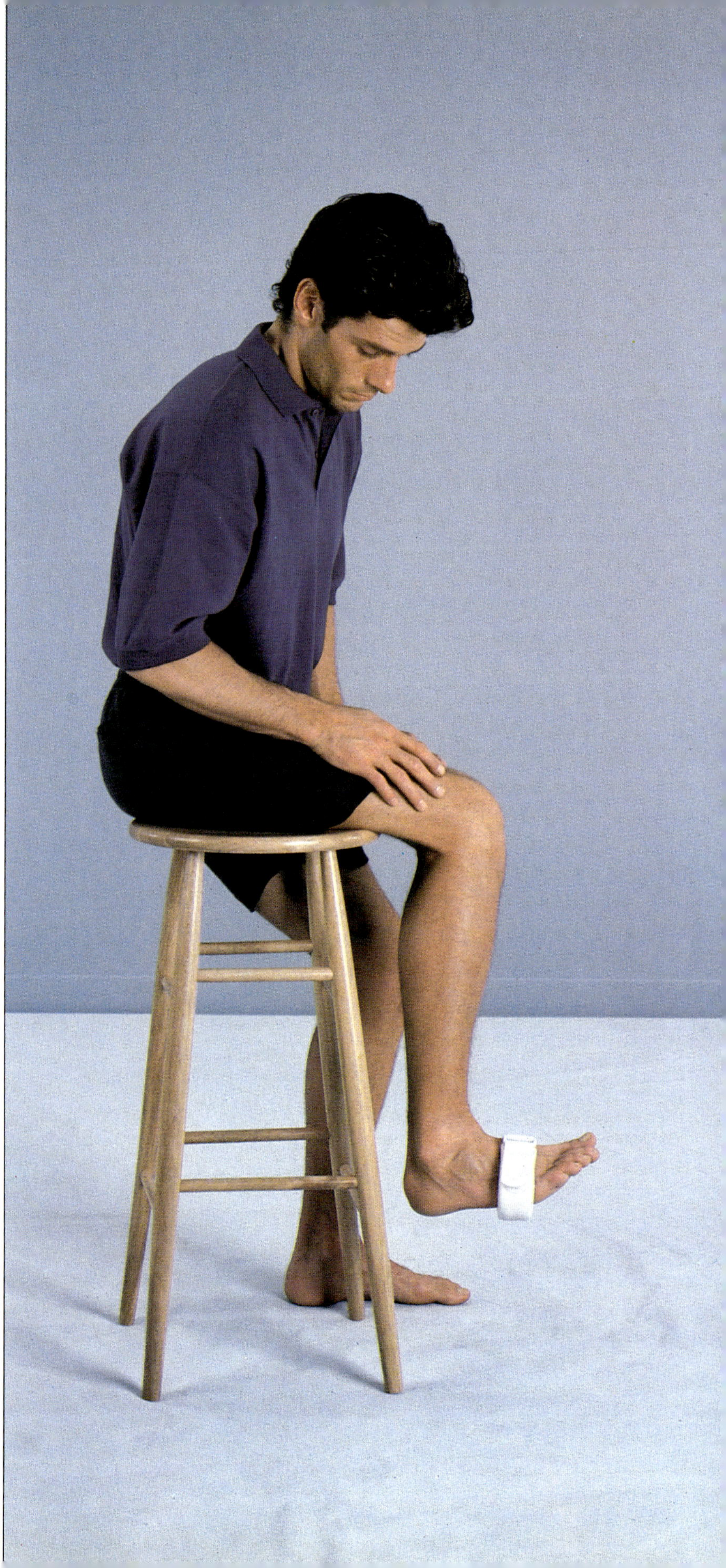

Zur Kräftigung des *M. tibialis anterior,* des größten Schienbeinmuskels, benötigt man einen hohen Hocker und eine 1½ kg schwere Gewichtmanschette, die um den rechten Fuß geschnallt wird. Auf den Hockerrand setzen, den rechten Fuß anheben und das Fußgelenk anziehen und strecken. Dreimal 10 Übungen ausführen. Mit dem linken Fuß wiederholen.

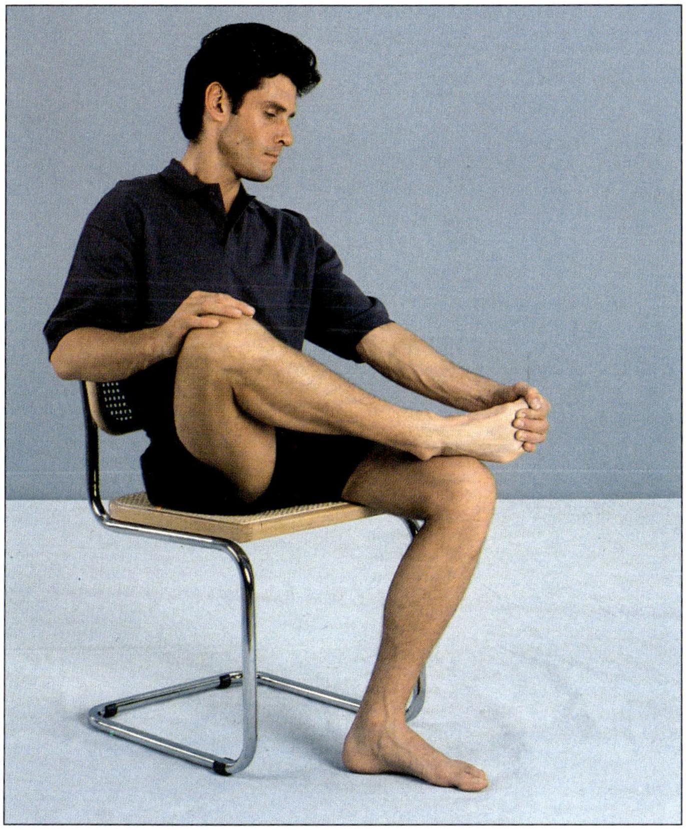

Zur Dehnung des rechten vorderen Schienbeinmuskels den rechten Fuß auf das linke Knie legen. Mit der linken Hand die Zehen fassen und zurückziehen, während die rechte Hand zur Stabilisierung des Beins auf dem rechten Knie ruht. Die Dehnposition 20 Sekunden halten. Die Übung mit dem linken Fuß wiederholen.

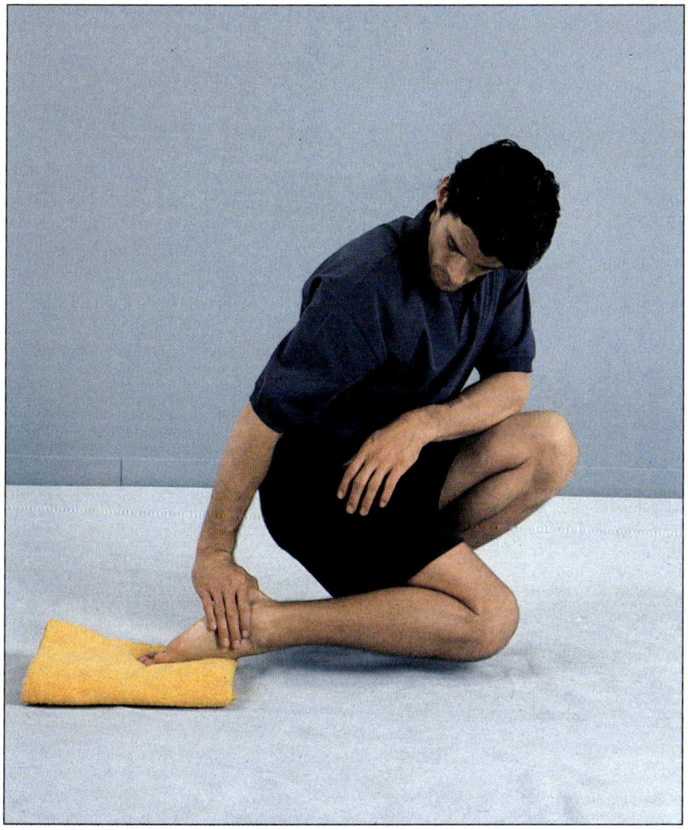

Man kann die rechten vorderen Schienbeinmuskeln auch in der Hocke dehnen, indem man den Fußrücken des rechten Fußes auf ein Handtuch bettet und die Ferse mit der rechten Hand umfaßt. Dann zurücklehnen, bis man eine Dehnung im Schienbein spürt. Die Position 20 Sekunden halten. Danach die Übung mit dem linken Bein wiederholen.

Koordinationstraining

Auch wenn sich die Muskeln nach einer Verletzung völlig regeneriert haben, ist es mit der Koordination häufig nicht so gut bestellt. Infolge verletzungsbedingter Sportpausen kommt es zu Koordinationsverlust zwischen zentralem Nervensystem und Muskeln, Gelenken, Sehnen und Bändern des Bewegungsapparates. Es bedarf des Trainings, um diese Propriozeption genannte Koordination zurückzuerwerben.

Propriozeptoren sind spezielle Empfängerorgane, die das zentrale Nervensystem über die Position von Muskeln und Gliedmaßen informieren. Aufgrund dieser Informationen ist das Großhirn in der Lage, Bewegungen gezielt zu steuern. Propriozeption befähigt den Menschen zu stehen, ohne vornüber zu fallen, oder zu gehen und laufen – Bewegungsabläufe, die für uns automatisch geworden sind. Durch Verletzung geht diese Propriozeption jedoch teilweise verloren, und Muskelkoordination muß wieder erlernt werden. Solche Koordinationseinbußen machen sich nach Verletzungen im Bereich des Unterschenkels besonders bemerkbar, weil hier die Koordination zwischen Muskeln und Sehnen für die Fortbewegung wesentlich ist.

Mit dem Training der Propriozeption sollte sofort nach Rückerlangung von Muskelkraft und Beweglichkeit begonnen werden. Bewegungen, an denen mehrere Muskelgruppen beteiligt sind, wie das Balancieren auf beweglichem Untersatz, fördern die Bewegungssynchronisation. Ziel ist es, Balance, Koordinationsvermögen und richtiges Timing wiederzuerlangen.

Zur Verbesserung von Koordination und Balance nach Unterschenkel- oder Fußverletzungen aufrecht hinstellen. Das nicht verletzte Bein rechtwinklig anheben. Die Arme vor dem Körper ausstrekken und die Augen schließen. Das Standbein leicht beugen und so lange wie möglich in dieser Position verweilen.

Zur Verbesserung der Koordination eine Spanplatte auf ein Brett legen und balancieren *(kleine Abbildung)*. Oder ein rundes Stück Preßspan auf einer Halbkugel aus stabilem Material (z. B. einem durchgesägten festen kleinen Ball) befestigen. Auf der Platte stehend, an einem Stuhl festhalten und den gesunden Fuß heben. Mit dem anderen die Platte bewegen.

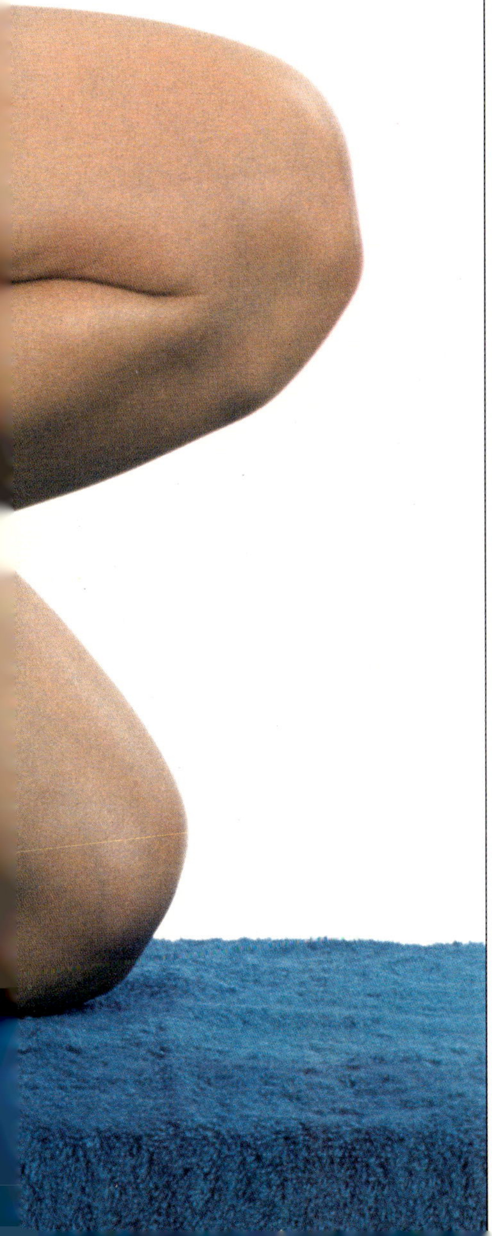

Kapitel Drei

Knie und Oberschenkel

Beschwerden und Therapiemöglichkeiten bei der größten Muskel- und Gelenkgruppe des Körpers

Wer sportlich einigermaßen aktiv ist und Freude am Laufen, Springen, Radfahren, Tennis oder Wandern hat, ist anfällig für Kniebeschwerden. In Anbetracht der Belastungen, denen das Knie unentwegt ausgesetzt ist, verwundert seine hohe Verletzungsanfälligkeit nicht. Ein Viertel aller Sportverletzungen betreffen das Knie, und drei Viertel aller Operationen infolge Sportverletzungen sind Knieoperationen. Schon bei alltäglichen Aktivitäten, einfachem Bergabgehen etwa, beträgt die Belastung für das Knie das Dreifache des eigenen Körpergewichts. Beim In-die-Hocke-Gehen müssen Teile der Kniescheibe eine Druckbelastung von etwa 200 kg pro cm^2 aushalten.

Wer ein Fitness-Programm aufnimmt oder sein gewohntes Training intensiviert, ist besonders anfällig für leichtere Kniebeschwerden, da durch vermehrte Beugung und Streckung des Kniegelenks bestimmte Gelenkteile gegeneinanderreiben. Die Schmerzen werden gewöhnlich durch eine Reizung der Sehnen im Bereich der Kniescheibe verursacht und verschwinden nach ein oder zwei Tagen Ruhe meist wieder. In jedem

Fall läßt sich das Risiko von Knie- und Oberschenkelverletzungen durch Kräftigungs- und Dehnübungen entscheidend verringern. Während chronische oder ungewöhnlich starke Schmerzen ärztliche Behandlung erfordern, sind das Wissen um die Schmerzursache und gewisse anatomische Grundkenntnisse von Nutzen, wenn es darum geht, die Heilung zu beschleunigen und Wiederverletzung zu vermeiden.

Auf den ersten Blick scheint das Knie wenig stabil. Es entpuppt sich jedoch bald als eines der bestgesicherten Gelenke des Körpers. Das Kniegelenk wird von kräftigen Bändern durchzogen und gehalten, die den Unterschenkel strecken und anziehen und ein Weggleiten der Kniescheibe aus dem Oberschenkelgleitlager verhindern. Darüber hinaus kann das Kniegelenk vielfach gleichzeitig gebeugt und gedreht werden und wirkt als Stoßdämpfer für die Belastung durch das Körpergewicht. Die Oberschenkelmuskeln – der vierköpfige Schenkelstrecker (Quadrizeps) auf der Vorderseite, in der Regel die größte und kräftigste Muskelgruppe des Menschen, und die Kniebeuger auf der Rückseite – bilden die muskuläre Stütze für das Knie. Die Quadrizeps-Muskeln strecken Knie und Unterschenkel, während die Kniebeuger das Knie beugen und den Unterschenkel anziehen. Daneben gibt es vier weitere, vom Beckengürtel ausgehende Hauptmuskelgruppen: Die Hüftbeuger ziehen den Oberschenkel an; die Hüftstrecker führen ihn nach hinten; die Adduktoren ziehen das Bein nach innen; die Abduktoren heben es nach außen. Zu diesen Muskelgruppen zählen auch Teile der Quadrizeps- und Kniebeugermuskulatur.

Neben anderen Funktionen ist der Quadrizeps oder vierköpfige Schenkelstrecker für die Stabilisierung und korrekte Führung der Kniescheibe im U-förmigen Patellagleitlager verantwortlich. Die Kniescheibe verstärkt die Hebelwirkung des Quadrizeps auf die Unterschenkel, wodurch die Kraft dieser Muskelgruppe intensiviert wird. Schwache Schenkelstrecker begünstigen ein Weggleiten der Kniescheibe aus dem Oberschenkelgleitlager, was zu unbestimmtem Schmerz im Kniescheibenbereich führt. Unter dieses als „Läufer-Knie" bezeichnete Beschwerdebild fallen 60 Prozent aller Überlastungsschäden. Neben Läufern, zählen Radsportler, Wanderer und Fußballspieler zu den Opfern. Die zweithäufigsten Überlastungsschädigungen am Knie sind Sehnenentzündungen. Betroffen sind überwiegend die Quadrizeps und Kniescheibe verbindenden Sehnen sowie die Sehnen zwischen der Kniescheibe und dem Knochen direkt unterhalb des Knies. Solche Entzündungen sind in der Regel langwierig, da Sehnen nur in relativ geringem Maße mit Blut versorgt werden und die Heilung deshalb lange Zeit in Anspruch nehmen kann. Das sogenannte „Springer-Knie", eine Entzündung der Kniescheibensehne, ist eine besonders bei Basketballspielern häufig anzutreffende Beschwerde. Die Schlattersche Erkrankung, eine weitere Form der Sehnenentzündung, tritt als schmerzhafte Schwellung am Ansatz der Kniescheibensehne auf. Es handelt sich um eine bei Jugendlichen im Alter zwischen 8 und 15 Jahren verbreitete Erscheinung, wobei Laufen, Springen, Treppensteigen, Gewichtheben oder tiefe Kniebeugen das Krankheitsbild verschlimmern können.

Knie und Oberschenkel

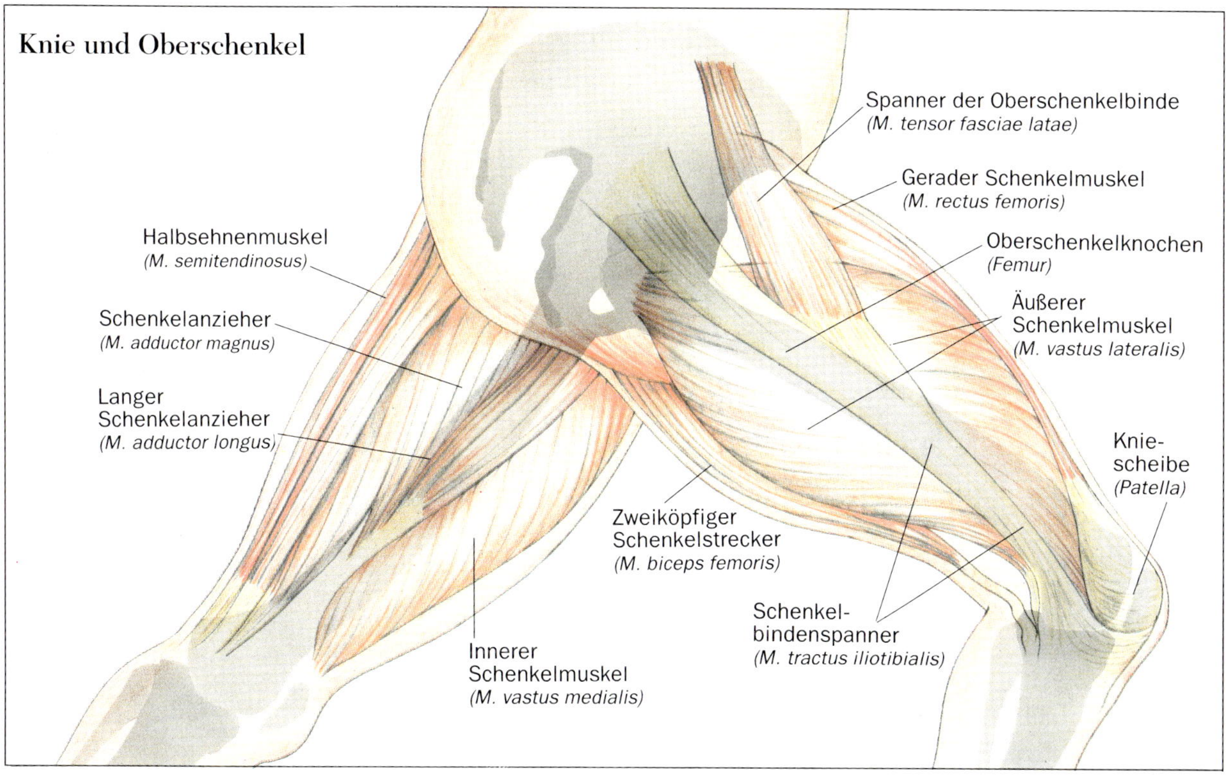

Falsche Lauftechnik und mangelhafte Kondition können Knieprobleme bei Läufern hervorrufen, ebenso wie schlechtsitzende Schuhe, zu häufiges Laufen am Berg und zu hohes Tempo. Längeres aerobes Training, neue Tanzschritte oder ein ungewohnt laufintensives Tennisspiel können ebenfalls beschwerdeauslösend sein. Dabei kann oft leicht abgeholfen werden – mit entsprechenden Schuheinlagen bei Läufern oder mit einer kleineren Übersetzung und einem höheren Sattel bei Radsportlern, um nur zwei Beispiele zu nennen.

Oberschenkelverletzungen beschränken sich meist auf überdehnte Muskeln oder Sehnen, besonders im Bereich der zur Verkürzung neigenden Kniebeuger, sowie der Schenkelanzieher (Adduktoren) an der Oberschenkelinnenseite. Da eine ausreichende Kräftigung dieser Muskeln selbst von Profisportlern viel zu oft versäumt wird, sind Zerrungen der Adduktoren ein lästiges, wiewohl häufiges Übel. Ermüdungsbrüche im Oberschenkelknochen *(Femur)* treten bei älteren Menschen häufig auf, bei jungen, gesunden sind sie eher selten. Dennoch werden solche Brüche bei Wehrdienstleistenden in der Grundausbildung und Langstreckenläufern häufig beobachtet. Oberschenkel-Ermüdungsbrüche erfordern in jedem Fall eine fachärztliche Behandlung.

Die Übungen in diesem Kapitel beugen möglichen Knie- und Oberschenkelverletzungen vor und helfen außerdem, die häufig in diesem Bereich auftretende Schmerzen zu lindern.

Eisanwendung

Es ist bekannt, daß Eisanwendungen schmerzlindernd wirken und den Heilungsverlauf der meisten Überlastungsschäden beschleunigen *(S. 38–39)*. Jüngste Studien haben zudem ergeben, daß an Gelenken vorgenommene Eisbehandlungen, bei denen die Temperatur mehrmals täglich für jeweils 30 Minuten gesenkt wird, von langfristigem Nutzen sein können.

Eispackungen haben sich im Vergleich zu Eismassagen als effektiver für die Senkung der Innentemperatur großer Gelenke wie des Knies erwiesen. Einer Studie zufolge brachte das 30minütige Auflegen einer Eispackung eine bis zu vier Stunden anhaltende Senkung der Gelenktemperatur. Hierdurch wird erreicht, daß man die üblichen Verletzungsbegleiterscheinungen, wie Schwellung, Blutung und Gewebeschäden, wesentlich rascher in den Griff bekommt.

Eispackungen kann man selbst herstellen, indem man Eiswürfel zerstößt und in ein feuchtes Tuch wickelt. Mit chemischen Kaltpackungen sollte vorsichtig umgegangen werden, da ihre Temperatur oftmals unter dem Gefrierpunkt liegt und daher die Gefahr einer Unterkühlung besteht. Platzt eine Kaltpackung versehentlich auf, können austretende chemische Substanzen Hautreizungen verursachen. Statt sie direkt auf die Haut zu legen, wickelt man Kaltpackungen daher am besten zuvor in ein Tuch ein.

Eisanwendungen sollten generell nicht länger als 30 Minuten erfolgen. Bei Hautrötungen und Kälteschmerz ist die Behandlung abzubrechen.

Den verletzten Körperteil so anheben, daß er sich oberhalb der Hüfte befindet. Eine in ein Tuch gewickelte Kaltpackung direkt auf den Verletzungsbereich halten *(rechts)*. Damit die Packung nicht wegrutscht, mit einer Elastikbinde am Knie befestigen *(kleine Abbildung)*.

Verbände anlegen

Obgleich feststeht, daß Verbände verletztes Gewebe stützen und entlasten, herrscht Uneinigkeit darüber, welche Verbände für eine bestimmte Verletzung am besten geeignet sind und wie lange sie wirksam bleiben. Legt man sie falsch an, verrutschen Verbände möglicherweise schon nach wenigen Minuten und werden damit praktisch nutzlos. Richtig angelegt, sollten sie zumindest für einige Stunden wirksam bleiben; je nach Art und Sitz des Verbandes bleibt die Stützfunktion möglicherweise bis zu einer Woche erhalten.

Stützverbände sind mit unelastischem Pflastermaterial anzulegen, nicht zuletzt weil elastische Pflasterbinden wesentlich leichter verrutschen (auf S. 40 werden weitere Regeln für die richtige Verbandstechnik genannt). Pflasterbinden sollten niemals direkt auf Schnitt- oder Schürfwunden angebracht werden. Diese sind entsprechend abzudecken, damit sie sich nicht verschlimmern. Wird der Verband zwischendurch öfters abgenommen oder an einer besonders empfindlichen Körperstelle angebracht, legt man zur Vermeidung von Hautreizungen eine weiche Mullbinde unter. Die Gefahr von Hautreizungen läßt sich zudem verringern, indem man den Verband so bald wie möglich abnimmt und die Haut mit einem alkoholgetränkten Wattebausch abreibt, um Kleberreste zu entfernen.

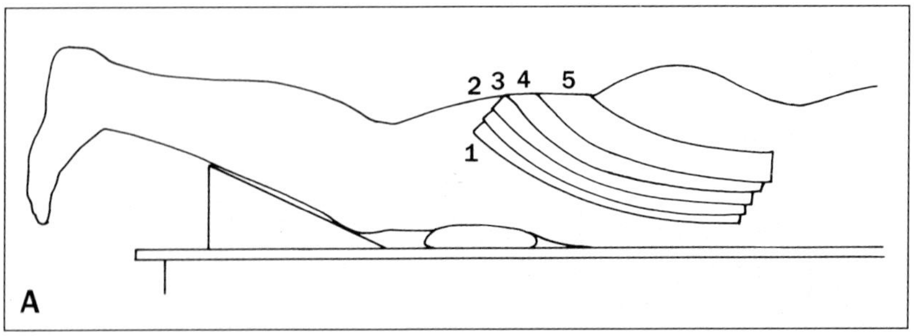

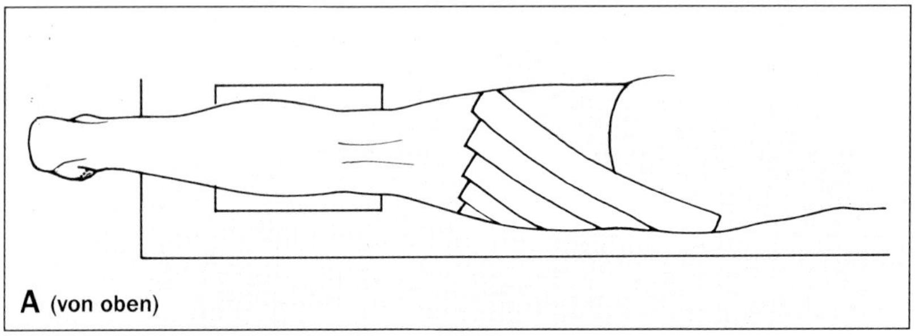

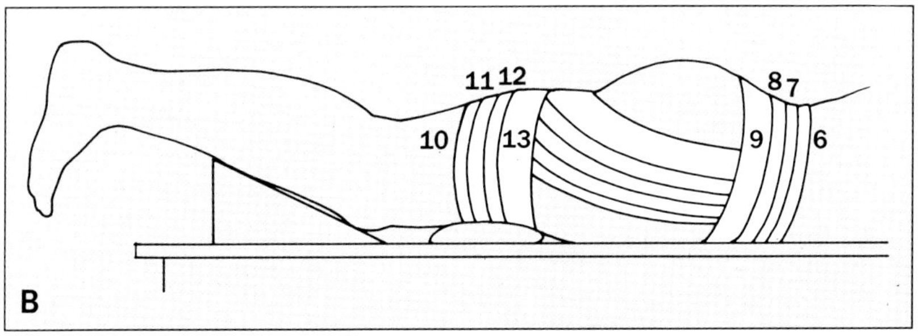

_A:_ Bei einer Kniebeugerzerrung liegt der Verletzte zur Versorgung auf dem Bauch. Unter den Oberschenkel schiebt man ein kleines Schaumstoffkissen, der Unterschenkel befindet sich hochgelagert auf einem Stützkeil, so daß das Knie leicht gebeugt ist. Von der Oberschenkelaußenseite zur Hüfte fünf überlappende Pflasterstreifen anbringen. Streifen 5 setzt an der Oberschenkelinnenseite an und verläuft direkt unter dem Gesäß bis auf Hüfthöhe. _B:_ Pflasterenden auf jeder Seite mit vier überlappenden Querstreifen fixieren. Die Fixierstreifen laufen fast um den ganzen Oberschenkel herum.

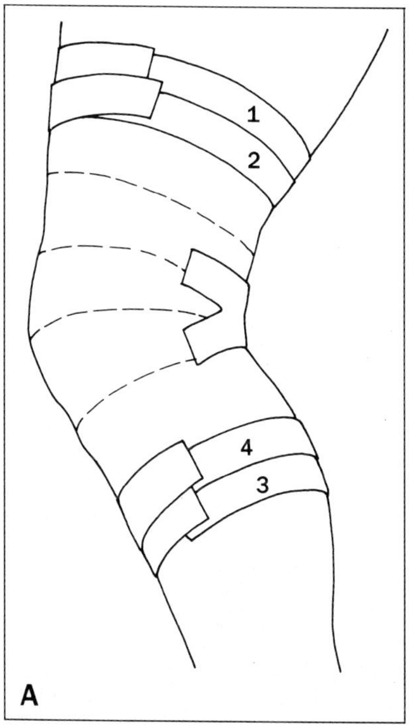

Um ein verletztes Knie nicht zu überstrecken, dieses beugen und Mullverband anlegen. Mit Klebestreifen sichern.

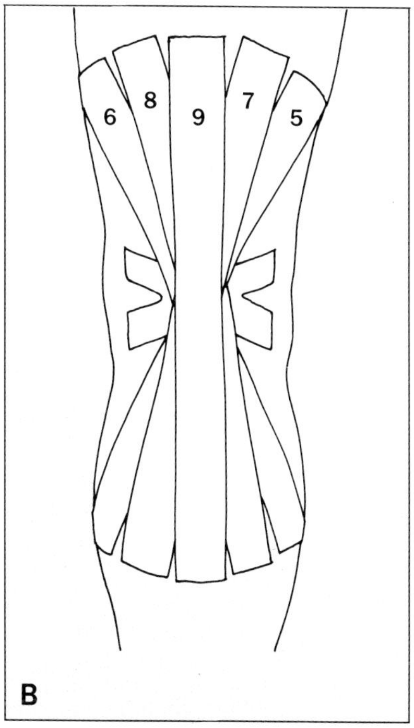

Zwei Pflasterstreifen *(5.6)* über Kreuz auf der Knierückseite anbringen. Drei weitere aufgefächert darüberkleben.

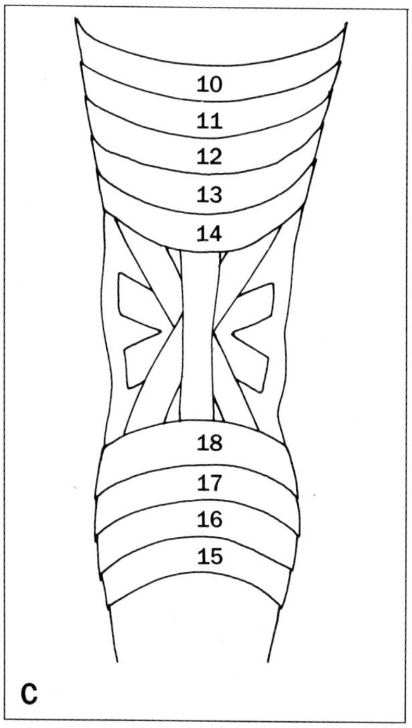

Jeweils vom Fächerende zum Knie arbeitend, die Längsstreifen mit überlappenden Klebestreifen sichern.

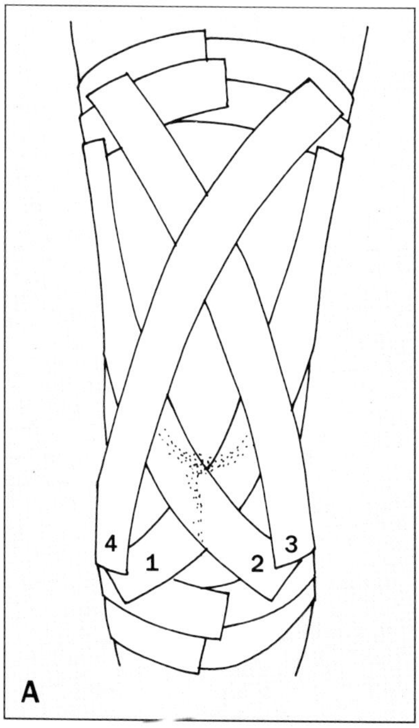

Zur Kniestützung nach Verstauchung Mullverband anlegen. Mit vier Pflasterstreifen vom Unter- zum Oberschenkel verstärken. Die Kniescheibe bleibt frei.

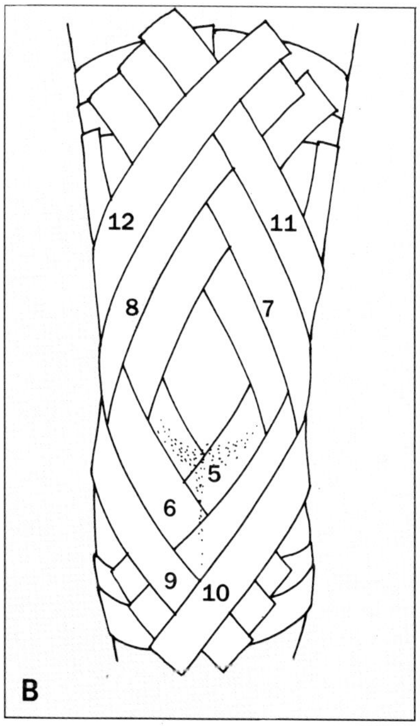

Sechs weitere Pflasterstreifen über Kreuz vom Unterschenkel zum Oberschenkel führen. Dabei die Kniescheibe wiederum aussparen.

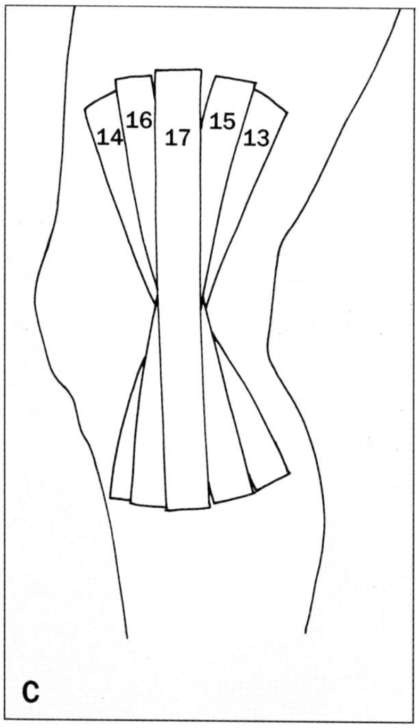

Bei Schmerzen an der Knieaußenseite zwei Pflasterstreifen über Kreuz aufkleben und zum Fächer schließen. Die Enden mit Querstreifen sichern.

Kniebeuger/1

Die im wesentlichen aus drei Muskeln bestehenden Kniebeuger verlaufen von der Rückseite des Hüftknochens zur Knierückseite, wo sie an Schien- und Wadenbein ansetzen. Die Kniebeuger ermöglichen eine Streckung im Hüftgelenk und Beugung der Knie.

Schädigungen der Kniebeuger zählen zu den langwierigsten Sportverletzungen überhaupt. Sind die Muskeln erst einmal gezerrt oder gerissen, bereiten sie für gewöhnlich immer wieder Probleme. Dies liegt teilweise an den kräftigen Schenkelstreckern, die sich den Kniebeugern gegenüber an der Oberschenkelvorderseite befinden.

Reizzustände in den Kniebeugersehnen an der Knierückseite sind häufig Folge steifer oder schwacher Kniebeuger sowie andauernden Bergablaufens. Steife Kniebeuger führen mitunter auch zu Rückenschmerzen, weil das Becken aufgrund der verkürzten Muskeln nach hinten kippt, wodurch die Lendenwirbelsäule belastet wird.

Eine Kräftigung der Kniebeuger erreicht man durch gezieltes Lauftraining, wobei man abwechselnd mit flinken kleinen Schritten geht und dann wieder intensivere Sprints einlegt, bei denen die Fersen so weit wie möglich zum Gesäß hochgezogen werden. Radfahren mit einer kleinen Übersetzung und angestrengter Pedalarbeit verbessert ebenfalls die Muskelkondition. Die Übungen auf diesen beiden Seiten wurden speziell für die Kräftigung und Rehabilitation der Kniebeugermuskulatur konzipiert. Empfohlen werden jeweils drei Übungsfolgen mit 10 Wiederholungen, wobei Gewichtmanschetten oder Gummibänder als Hilfsmittel fungieren. Wichtig ist eine gleichmäßige Beanspruchung der Beine. Anschließend erfolgt eine Dehnung der Kniebeuger *(S. 70–71)*.

Eine zwischen 1,5 und 2,5 kg schwere Gewichtmanschette um das Fußgelenk schnallen. An einem Stuhl oder einem anderen feststehenden Gegenstand festhalten. Dann die Ferse zum Gesäß hochziehen und wieder zurück zum Boden führen. Die Übung anschließend mit dem anderen Fuß wiederholen.

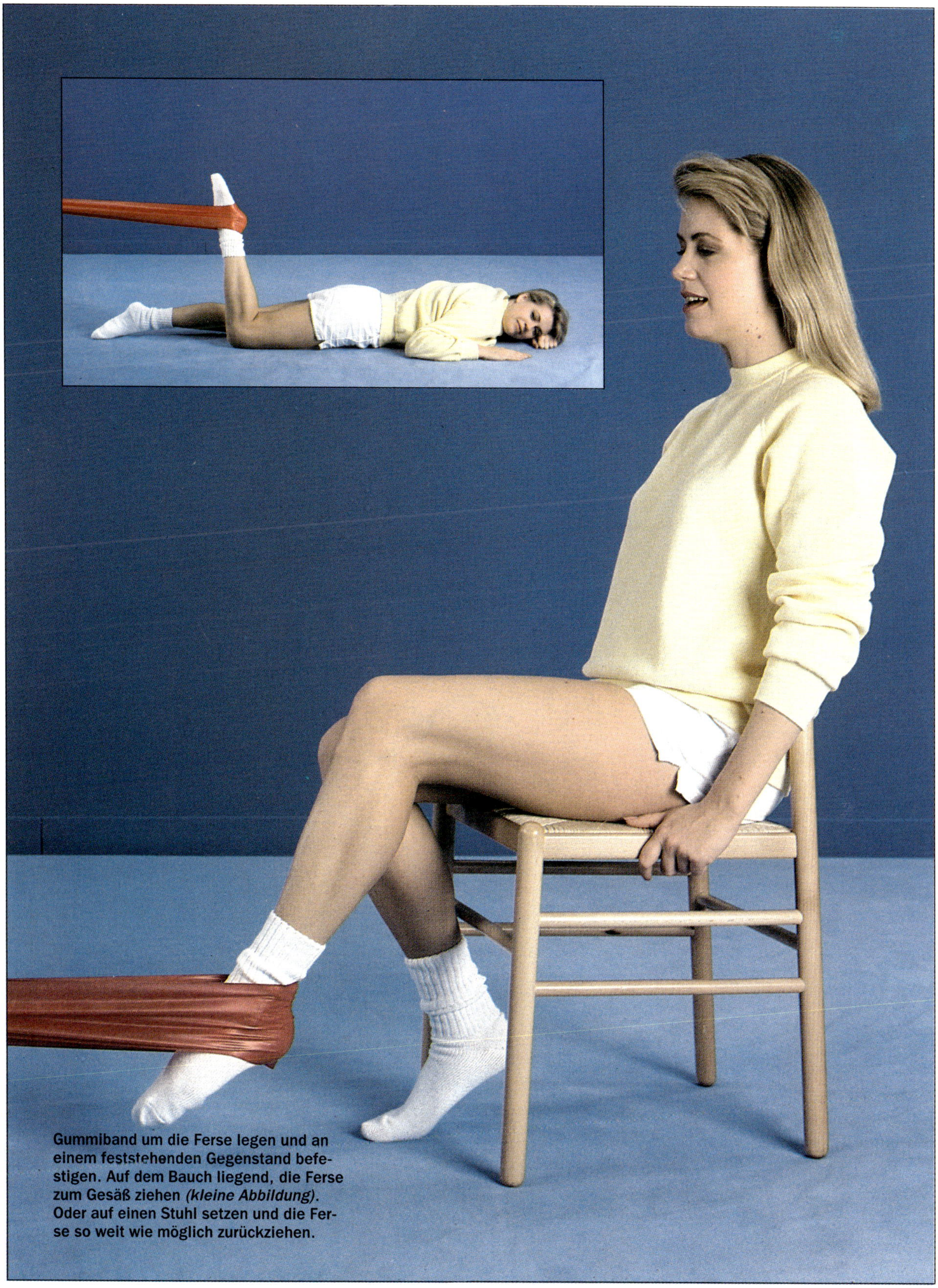

Gummiband um die Ferse legen und an einem feststehenden Gegenstand befestigen. Auf dem Bauch liegend, die Ferse zum Gesäß ziehen *(kleine Abbildung)*. Oder auf einen Stuhl setzen und die Ferse so weit wie möglich zurückziehen.

Kniebeuger/2

Zur Dehnung der Kniebeuger mit gestreckten Beinen auf den Rücken legen *(links)*. Ein Bein heben und durchstrekken. Diese Position mindestens 20 Sekunden halten. Die Übung mit dem anderen Bein wiederholen.

Eine wirkungsvollere Dehnung erzielt man, indem man ein Handtuch um die linke Ferse legt und das Bein gestreckt nach oben führt *(links)*. Dabei leicht am Handtuch ziehen, bis ein Ziehen spürbar wird. Mindestens 20 Sekunden in dieser Position verweilen. Dann Beinwechsel.

Die Ferse auf einen Hocker legen und die Zehen fassen *(oben)* oder mit gestrecktem Bein auf eine Trainingsbank setzen und die Zehen greifen *(kleine Abbildung)*. Möglichst über die Zehenbasis hinausgreifen. Das Bein gestreckt lassen und die Position mindestens 20 Sekunden halten, dann Beinwechsel.

Quadrizeps/1

Bei dem auch als Vierköpfiger Schenkelstrecker bezeichneten Quadrizeps handelt es sich um vier auf der Oberschenkelvorderseite verlaufende Muskeln, die allesamt in eine in den Kniescheibenbereich reichende Sehne münden. Der gerade Schenkelmuskel beginnt am Beckengürtel, während die anderen Muskeln an verschiedenen Stellen des Oberschenkelknochens ansetzen. Als kräftigste Muskelgruppe des Körpers sind sie an allen Bewegungsarten, die Gehen, Laufen, Springen oder einfach Stillstehen einschließen, beteiligt.

Wie kräftig der gerade Schenkelmuskel ist, kann man feststellen, indem man auf einem Bein stehend das andere Bein gestreckt nach oben führt und es so lange wie möglich in dieser Position hält. Je länger man das Bein hochhalten kann, desto kräftiger sind die Schenkelmuskeln. Unangenehmes Ziehen im Oberschenkel ist Zeichen für eine Muskelermüdung.

Alle vier Schenkelstrecker sind an der Streckung des Knies und der korrekten Führung der Kniescheibe im Oberschenkelgleitlager beteiligt. Bei zu schwachen oder harten Quadrizeps-Muskeln kann es zu einem Weggleiten der Kniescheibe und langfristig zu einer weitverbreiteten Knieschädigung, dem Läufer-Knie, kommen.

Die Übungen auf diesen beiden Seiten fördern die Kräftigung der Quadrizeps-Muskeln. Wer kein Gummiband hat, kann sie durch die Übungen auf S. 74–75 ersetzen. Es sind jeweils drei Übungsfolgen mit je 10 Wiederholungen auszuführen. Dehnübungen findet man auf S. 77.

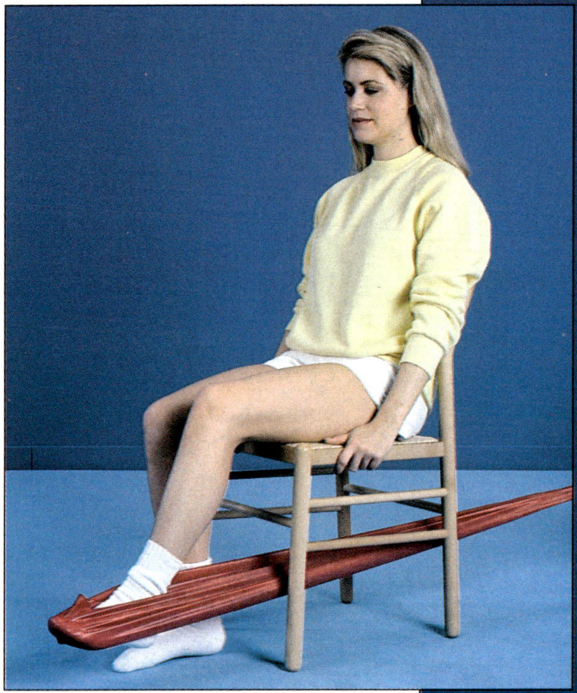

Das Gummiband an einem feststehenden Gegenstand befestigen. In einen Stuhl setzen und das Gummiband um den Vorfuß legen *(oben)*. Den Unterschenkel anheben und das Knie dabei strecken und wieder in die Ausgangsposition zurückführen. Dann Beinwechsel.

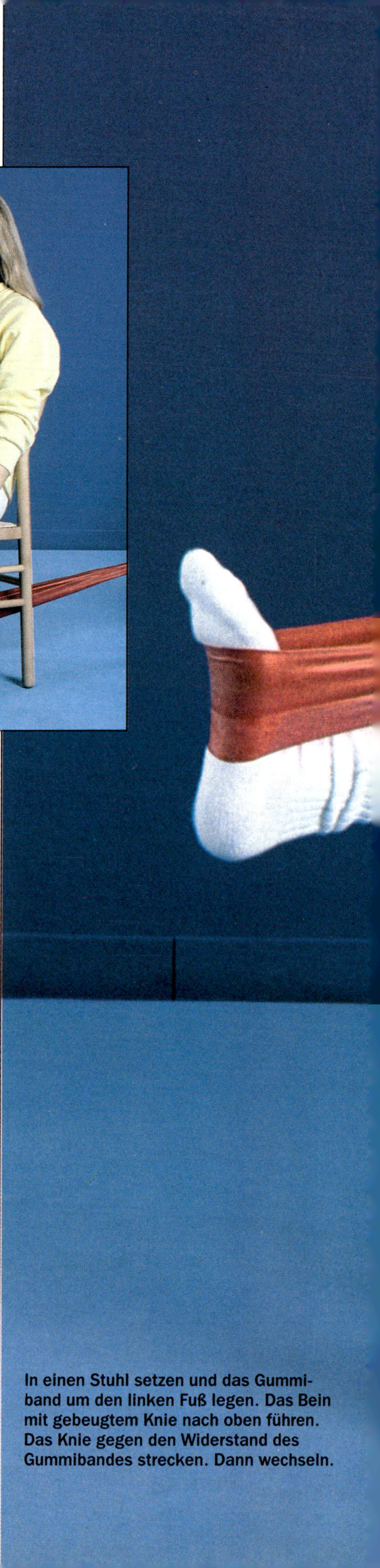

In einen Stuhl setzen und das Gummiband um den linken Fuß legen. Das Bein mit gebeugtem Knie nach oben führen. Das Knie gegen den Widerstand des Gummibandes strecken. Dann wechseln.

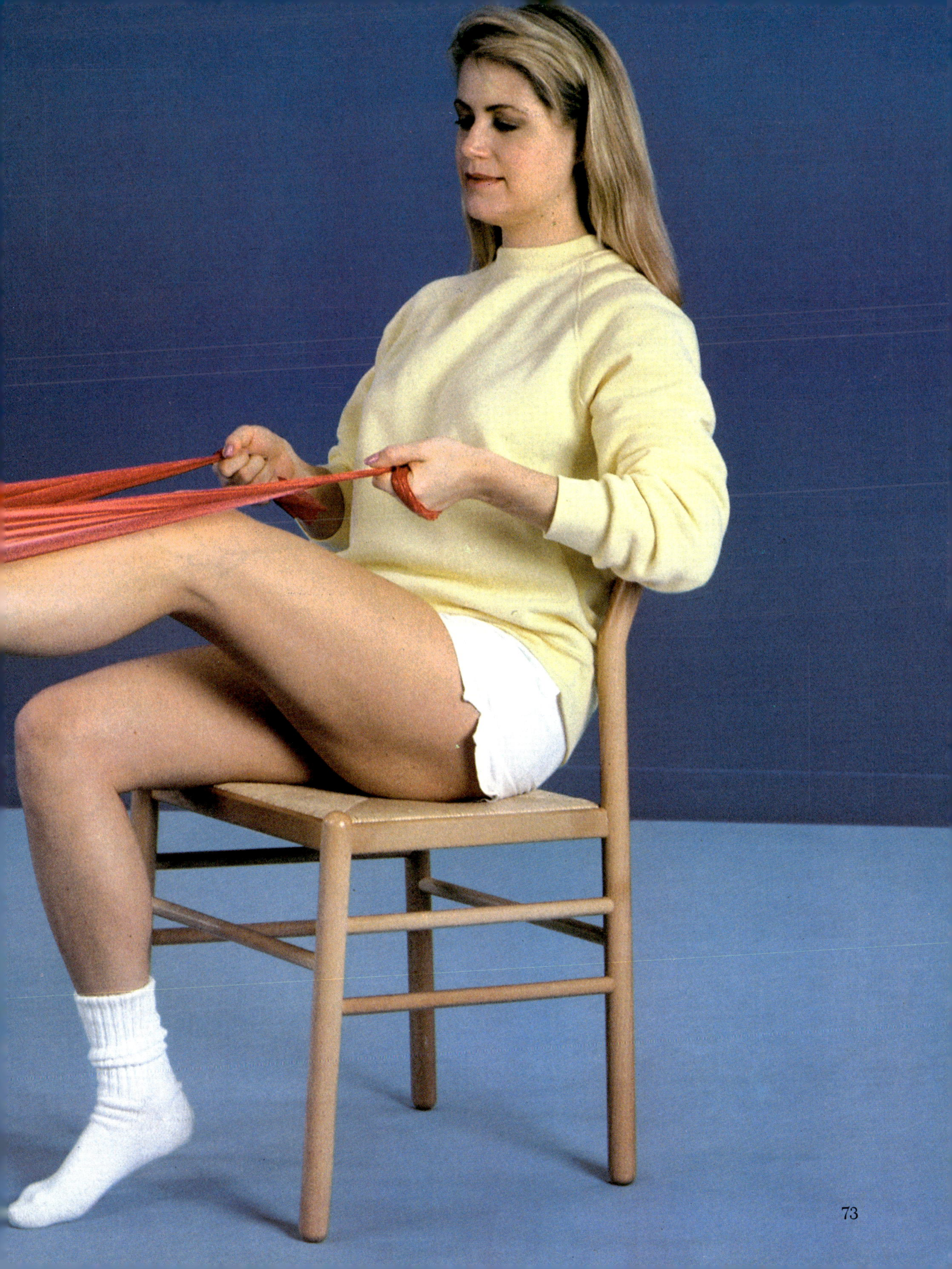

Quadrizeps/2

Die Gewichtmanschette um das linke Fußgelenk legen. Auf einen Stuhl setzen, beide Füße auf den Boden stellen. Linken Unterschenkel heben und das Bein strecken. Dann Beinwechsel.

Ohne Gewichtmanschette die Übung so ausführen: die Füße kreuzen, dabei den rechten Fuß mit dem linken beschweren. Das rechte Bein anheben und dabei strecken. Dann Beinwechsel.

Neben einem niedrigen Hocker stehend, mit dem linken Bein auf- und absteigen. Dann umdrehen und Beinwechsel.

Quadrizeps/3

Mit dem Rücken in Sitzhaltung gegen eine Wand lehnen, Unter- und Oberschenkel formen einen rechten Winkel. So lange wie möglich in dieser Position verweilen. Dabei auf die Uhr schauen: Je kräftiger die Quadrizeps-Muskeln werden, desto länger kann man die Position halten.

Zur Dehnung der Quadrizeps-Muskeln bäuchlings auf den Boden legen. Das rechte Bein beugen, den Fuß mit der rechten Hand fassen und die Ferse zum Gesäß ziehen *(oben)*. Die Position mindestens 20 Sekunden halten, dann Beinwechsel. Die gleiche Übung kann auch im Stehen ausgeführt werden *(rechts)*: An einer Stuhllehne festhalten und die rechte Ferse in Richtung Gesäß ziehen. Die Position mindestens 20 Sekunden halten, dann Beinwechsel.

Hüftbeuger/1

Die Hüftbeuger sind für Hüftbeugung und Oberschenkelhebung zuständig. Bei einer Bewegung des Knies in Richtung Rumpf sorgen die Hüftbeuger für die Hebung des Oberschenkels. Bleiben die Beine in Ruhestellung, benutzt man die Hüftbeuger zum Anheben des Oberkörpers, beispielsweise bei der Ausführung von Sit-ups.

Die Hüftbeugermuskeln beginnen alle im Hüftbereich, einige in den Dornfortsätzen der Wirbelsäule, andere im Oberschenkelknochen. Zu den Hüftbeugern zählt u. a. der gerade Schenkelmuskel, der an der Kniescheibe ansetzt und zur Quadrizeps-Gruppe gehört. Ein weiterer Hüftbeuger, der sogenannte Schneidermuskel *(M. sartorius)*, ist der längste Muskel des Menschen. Er zieht sich S-förmig von der Außenseite des Hüftknochens über den Innenschenkel zur Innenseite des Kniegelenks, wo er unterhalb der Kniescheibe am Schienbein ansetzt. Neben seinen zahlreichen anderen Funktionen ermöglicht der Schneidermuskel ein Überkreuzen der Beine.

Schwache oder steife Hüftbeuger resultieren mitunter in Knieproblemen und Rückenbeschwerden. Infolge unelastischer Hüftbeuger kippt das Becken nach vorne, was langfristig zu Skoliose oder Rückgratverkrümmung führt. Durch Übungen zur Dehnung der Hüftbeuger *(S. 82–83)* und Kräftigung der Bauchmuskeln *(S. 118)* können derlei Beschwerden weitgehend vermieden werden.

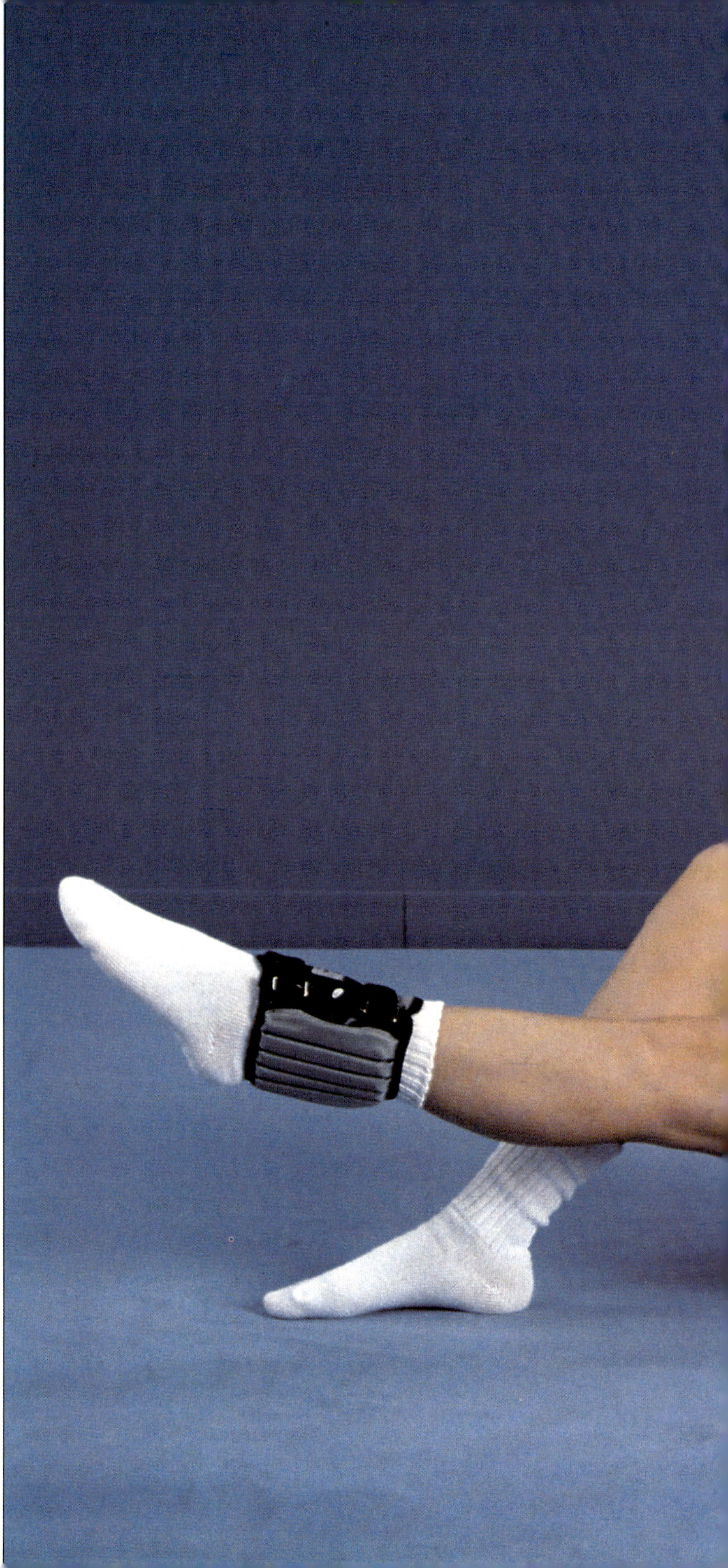

Auf den Rücken legen, ein Bein strecken und in dreimal je 10 Wiederholungen gestreckt nach oben führen *(kleine Abbildung)*. Sobald die Hüftbeuger hinreichend gekräftigt sind, diese Übung mit Gewichtmanschette ausführen *(rechts)*.

Hüftbeuger/2

Auf einen Stuhl setzen und eine Gewichtmanschette an einem Fußgelenk befestigen. Am Stuhl festhalten, so daß die Hüfte unbewegt bleibt. Das Knie heben. Dreimal 10 Wiederholungen ausführen. Dann Beinwechsel.

Zur Übungsabwandlung ein Gummiband um das linke Fußgelenk wickeln, während der rechte Fuß auf dem Band steht. Das linke Knie gegen den Widerstand heben. Dreimal 10 Wiederholungen ausführen. Dann Beinwechsel.

An einer Klimmzugstange hängend, die Knie nach oben ziehen, bis die Oberschenkel parallel zum Boden sind. Je länger die Position gehalten wird, desto kräftiger sind die Hüftbeuger.

Hüftbeuger/3

Zur Dehnung der Hüftbeuger mit dem Rücken zu einer Trainingsbank oder einem niedrigen Hocker stehend, den Fußrücken auf die Bank legen. Mit dem anderen Bein in die Knie gehen, bis ein Ziehen spürbar wird. Mindestens 20 Sekunden in dieser Position verweilen, dann Beinwechsel.

Auf den Bauch legen, ein Bein anwinkeln, den Fuß fassen und die Ferse zum Gesäß ziehen. Darauf achten, daß Knie und Oberschenkel den Boden nicht berühren. Die Position 20 Sekunden halten, dann Beinwechsel.

Rücklings auf einer Bank liegend, mit der rechten Hand das rechte Knie fassen und zur Brust ziehen. Das linke Bein anwinkeln und mit der linken Hand den linken Fuß nach oben ziehen. Die Hüftbeugermuskeln mindestens 20 Sekunden dehnen, dann Beinwechsel.

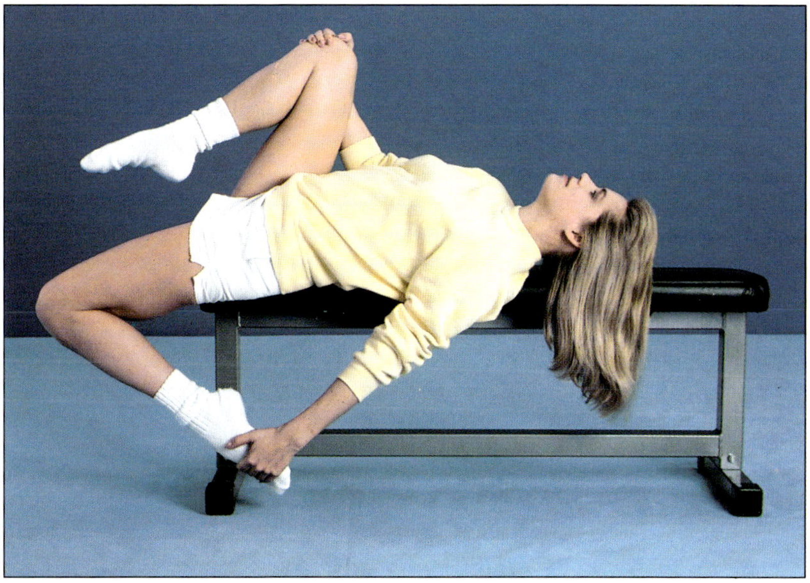

Gesäßmuskeln

Den für die Oberschenkelhebung verantwortlichen Hüftbeugern gegenüber befinden sich die Hüftstrecker, die den Oberschenkel nach hinten ziehen. Zu den Hüftstreckern zählen die Kniebeuger (*S. 68–71*) sowie die Gesäßmuskeln. Während die Kniebeuger an der Streckung im Hüftgelenk und der Kniebeugung beteiligt sind, wirken die Gesäßmuskeln maßgeblich auf den Oberschenkel. Der größte Gesäßmuskel, der *M. gluteus maximus,* gehört zu den kräftigsten Muskeln des Menschen.

Dennoch wird der *Gluteus maximus* insgesamt seltener beansprucht als Kniebeuger- oder Quadrizeps-Muskeln. Elekromyographische Tests, bei denen die Spannung im Muskel gemessen wird, haben belegt, daß der große Gesäßmuskel beim Gehen auf flachem Grund nicht wesentlich beteiligt ist, während er beim Bergaufgehen eine vorrangige Rolle spielt. Hockt man vor einem Sprint mit gebeugtem Oberkörper im Startloch, sorgt der große Gesäßmuskel durch die plötzliche Hüftstreckung für einen explosiven Vorwärtsschub vom Startblock weg.

Studien haben ergeben, daß durch eine Anspannung der Gesäßmuskeln im aufrechten Stand mit parallel nebeneinanderstehenden Füßen die Hüfte, Beine und Füße leicht nach außen gedreht und die Fußinnenseiten angehoben werden. Die Kontraktion der Gesäßmuskeln bewirkt auch, daß das Rückgrat weniger gekrümmt ist. Durch die Kräftigung der Gesäßmuskeln wird daher die Körperhaltung verbessert.

Die Hüftstrecker können durch regelmäßiges Bergauflaufen oder Hüpfen auf einem Bein gekräftigt werden. Die hier abgebildeten Übungen auf diesen beiden Seiten haben sich ebenfalls als hilfreich erwiesen.

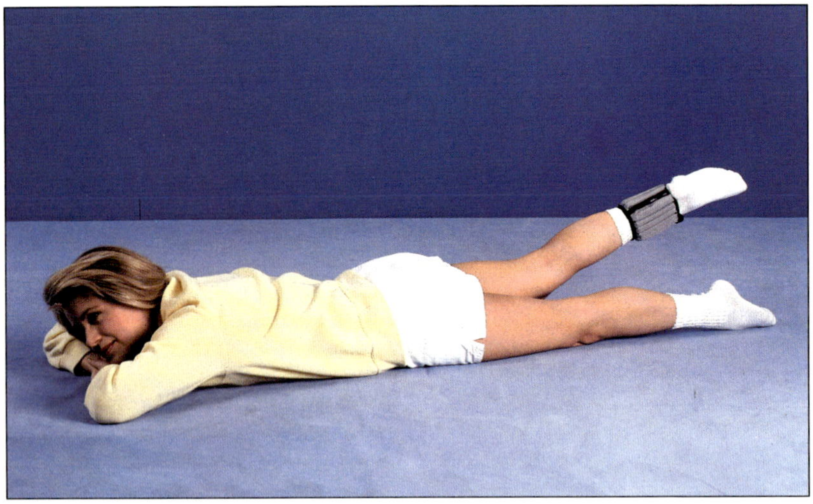

Eine Gewichtmanschette um ein Fußgelenk schnallen, dann auf den Bauch legen. Das Bein in dreimal 10 Wiederholungen gestreckt nach oben führen, dann Beinwechsel vornehmen.

Zur Dehnung der Hüftstrecker auf den Rücken legen. Das linke Knie beugen, mit beiden Händen umfassen und zur Brust ziehen. Die Position mindestens 20 Sekunden halten, dann Beinwechsel.

Ein Gummiband an einem feststehenden Gegenstand in Bodennähe befestigen. Das andere Ende des Bandes um die linke Ferse legen. Aufrecht auf den rechten Fuß stellen und das linke Bein in dreimal 10 Wiederholungen gestreckt nach hinten führen. Dann Beinwechsel.

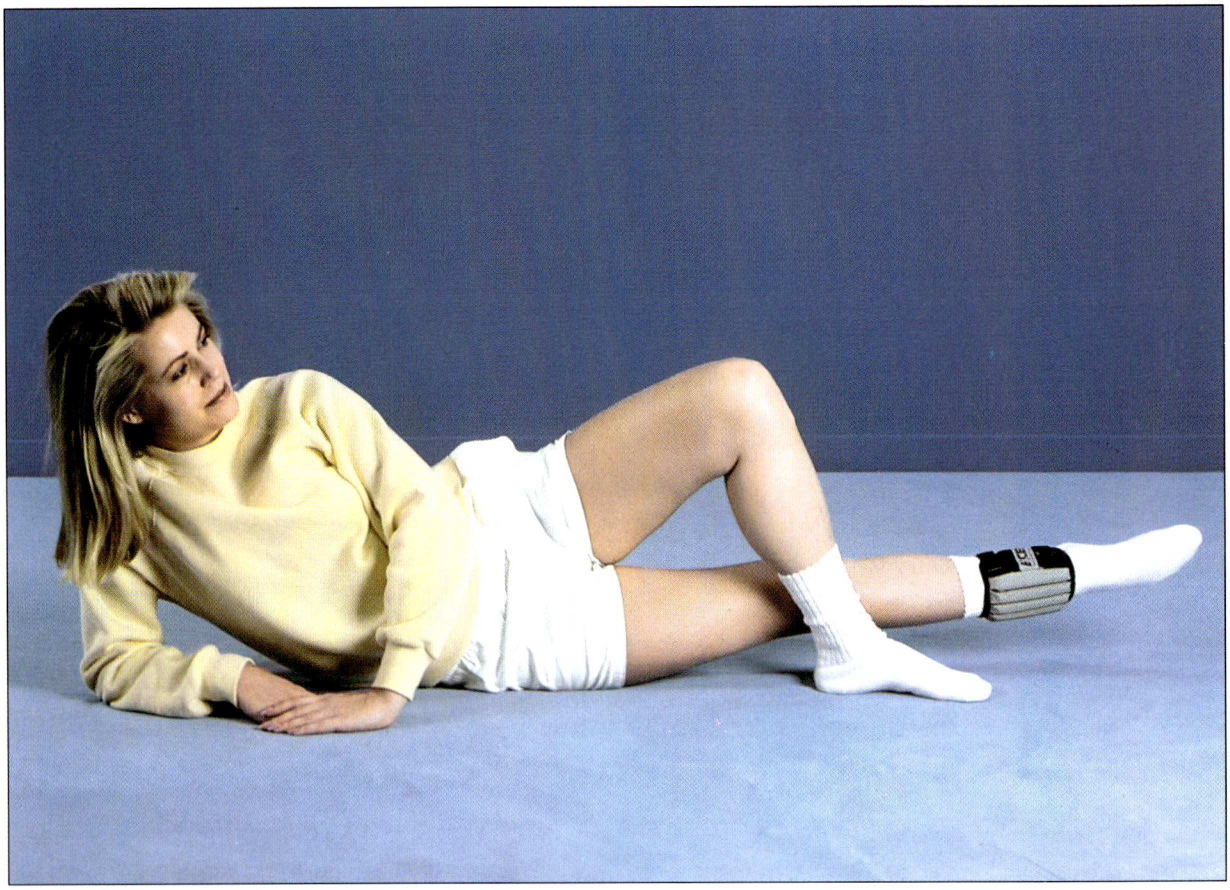

Zur Kräftigung der Adduktoren mit einer Gewichtmanschette am rechten Fußgelenk auf die rechte Seite legen. Das linke Bein über das rechte Bein kreuzen, den linken Fuß vor dem Körper flach auf dem Boden aufsetzen. Das rechte Bein in dreimal 10 Wiederholungen gestreckt nach oben führen. Danach auf die andere Seite drehen und Beinwechsel.

Zur Dehnung der Adduktoren im Schneidersitz auf den Boden setzen und die Fußsohlen aneinanderlegen. Die Füße umfassen und den Oberkörper nach vorne lehnen; der Rücken soll dabei gestreckt sein. Die Position mindestens 20 Sekunden halten.

Adduktoren

Die Adduktoren oder Schenkelanzieher beginnen am Schambeinkamm und verlaufen entlang der Kammuskellinie des Oberschenkels. Sie ermöglichen eine Einwärtsdrehung der Beine. Es sind die Adduktoren die den Reiter befähigen, sich mit gespreizten Beinen im Sattel zu halten. Während des Laufens helfen die Adduktoren, das hintere Bein nach vorne zu ziehen, nachdem es vom Boden abgehoben hat.

Überdehnungen und Zerrungen der Adduktoren ereignen sich vorwiegend beim Sprinten, da selten genügend Wert auf eine ausreichende Kräftigung dieser Muskelgruppe gelegt wird. Weil sie zudem eine Außendrehung der Zehen verhindern, können die Adduktoren durch Laufen auf schlüpfrigem Grund, auf Schnee oder feuchtem Gras leicht verletzt werden. Schenkelanzieherzerrungen sind schmerzhaft und bereiten gewöhnlich immer wieder Probleme. Den besten Schutz bieten Kräftigungs- und Dehnübungen für die Adduktorengruppe.

Das Gummiband in Bodennähe an einem feststehenden Gegenstand, wie einem Tischbein, befestigen. Links vom Tischbein stehend, das Band um das linke Fußgelenk legen. Festhalten, das linke Bein nach innen schwingen und über das rechte Bein kreuzen. Dreimal 10 Wiederholungen ausführen. Danach umdrehen und die Übung auf gleiche Weise mit dem anderen Bein wiederholen.

Abduktoren

Die den Adduktoren gegenüberliegenden Muskeln heißen Abduktoren und ermöglichen ein Abspreizen des Beins. Als wichtigste Abduktoren wären der mittlere und kleine Gesäßmuskel *(M. gluteus medius und minimus)* zu nennen. Neben ihrer abspreizenden Funktion regulieren diese Muskeln die Hüftstellung, halten den Oberkörper gerade und gewährleisten die geschmeidige Gewichtsverlagerung während der Gehbewegungen.

Am Abspreizen des Oberschenkels ist noch eine Reihe kleinerer Muskeln beteiligt, die ihren Sitz zwischen Hüfte und Oberschenkel haben. Der Ischiasnerv verläuft über oder mitunter auch durch einen dieser Muskeln, den sogenannten birnförmigen Muskel *(M. piriformis)*. Liegt eine Reizung oder Steifheit dieses Muskels vor, kann der Ischiasnerv eingeklemmt sein. Da es sich um den längsten Nerv des Körpers handelt, führt ein eingeklemmter Ischiasnerv i. a. zu Schmerz, Taubheit oder Kribbeln vom Gesäß bis zum Fuß – Beschwerden, die unter der Bezeichnung Ischialgie zusammengefaßt werden. Durch Kräftigung und Dehnung der Abduktoren kann Ischialgie vermieden bzw. gelindert werden.

Zur Kräftigung der Abduktoren mit einer Gewichtmanschette um das linke Fußgelenk auf die rechte Seite legen. Das rechte Bein zur Stütze nach hinten abwinkeln. Die Hüfte befindet sich senkrecht zum Boden. Das linke Bein in dreimal 10 Wiederholungen gestreckt nach oben führen. Auf die andere Seite drehen und Beinwechsel.

Zur Dehnung von Abduktoren und Piriformis-Muskel auf den Boden setzen, das linke Bein ist dabei gestreckt. Das rechte Bein über das linke kreuzen, das rechte Knie mit dem linken Arm vorsichtig so weit wie möglich nach hinten. Die Position für mindestens 20 Sekunden halten, dann Beinwechsel.

Zur Kräftigung der Abduktoren ein Gummiband an einer Stange oder einem Tischbein befestigen. Das Bandende um das weiter vom Tischbein entfernte Fußgelenk legen. In dreimal 10 Wiederholungen das Bein seitlich abspreizen, anschließend Beinwechsel.

Schenkelbindenspanner

Bei dem Schenkelbindenspanner oder *Tractus iliotibialis* handelt es sich um eine Sehne, die sich straff an der Oberschenkelaußenseite entlangzieht und direkt unterhalb des Knies ansetzt. Sie dient der Stabilisierung des Kniegelenks.

Durch häufiges Bergablaufen, Extrempronation und Ungleichbeanspruchung der Beine, etwa infolge Laufens auf zur Seite hin abfallenden Wegstrekken, kann es zu einer Reizung des Schenkelbindenspanners am seitlichen Schienbeinknochen kommen, das zu Entzündung und Schwellung führen kann. Menschen mit O-Beinen, Hohlfüßen oder Beinlängendifferenz sind besonders gefährdet. Auch häufiges Treppensteigen erhöht das Verletzungsrisiko. Der Schaden macht sich als unangenehmes Gefühl an der Knieaußenseite bemerkbar und entwickelt sich zu bohrendem Schmerz.

Im fortgeschrittenen Stadium läßt sich eine Entzündung des Schenkelbindenspanners nur schwer in den Griff bekommen. Bei den ersten Anzeichen einer Verletzung sollte deshalb jede weitere Reizung des Bereichs vermieden werden. Ruhigstellung und Eismassage sind wirksame Gegenmittel. Die hier demonstrierten Dehnübungen helfen Schenkelbindenspannerschmerz vorzubeugen.

Auf den Rücken legen, das linke Bein gestreckt halten. Das rechte Bein über das linke kreuzen, den Fuß flach auf den Boden setzen. Mit der linken Hand das Knie fassen und in Richtung Boden drükken. Die Position mindestens 20 Sekunden halten, dann Beinwechsel.

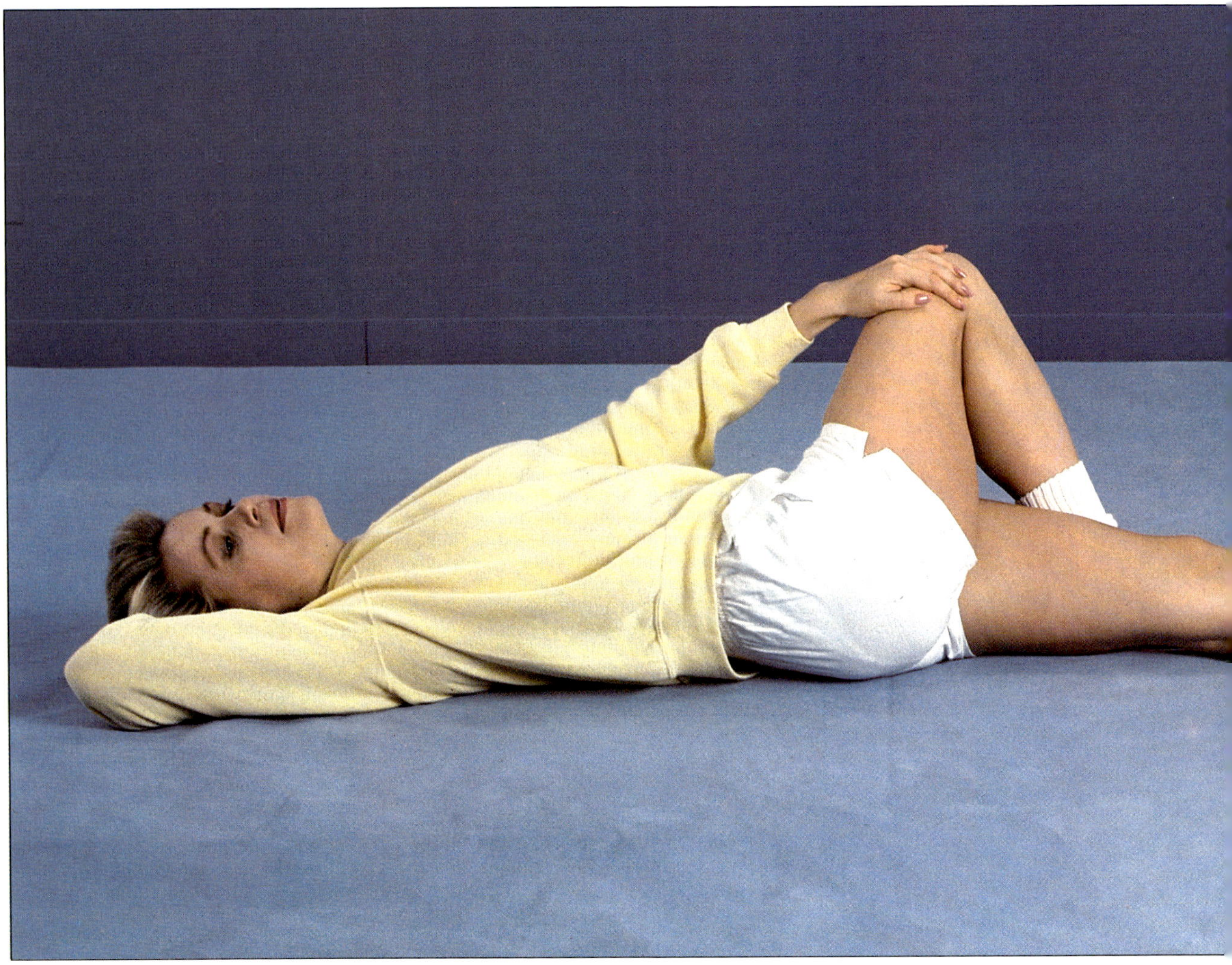

Das rechte Bein über das linke kreuzen. Die rechte Ferse dabei flach auf dem Boden aufsetzen. Zur Dehnung des rechten Schenkelbindenspanners nach links lehnen, ohne aus dem Gleichgewicht zu geraten. Mindestens 20 Sekunden so stehen bleiben, dann Beinwechsel.

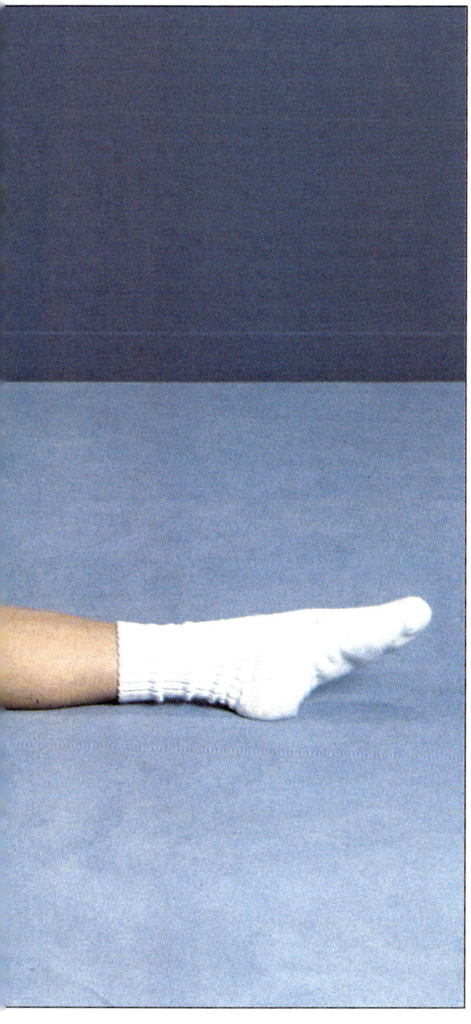

KAPITEL VIER

Oberkörper

Belastung und Rehabilitation von Rücken, Schultern, Ellenbogen und Handgelenken

Ruhe und Rehabilitation sind die Schlüssel für ein rasches Abheilen der meisten Sportverletzungen im Oberkörperbereich. Das gilt besonders für die Schulter, dem kräftigsten, beweglichsten und gleichzeitig instabilsten Gelenk des Menschen. Über Jahre hinweg jedoch hat man maßvolle Sportausübung für den Heilungsverlauf unterschätzt. Zeigten verordnete Ruhepausen bei Speerwerfern etwa, die im Schulterbereich erhöht verletzungsanfällig sind, nicht schon bald das gewünschte Ergebnis, entschloß man sich oft allzu rasch zur Operation. In der Sportmedizin ist man sich inzwischen einig, daß Ruhepausen von einem Übungsprogramm zur Dehnung und Kräftigung verletzter Muskeln begleitet sein müssen, um Muskelatrophien vorzubeugen, die den Heilungsprozeß entscheidend erschweren.

Das Schultergelenk wird von der Oberarmkugel und der Gelenkpfanne des Schulterblatts gebildet; es besitzt keinen starken Bandapparat. Seine Bänder halten nur eine Druckbelastung von etwa 45 bis 75 kg aus, während eine Gewalteinwirkung durch Sturz oder Zusammenprall diesen Wert leicht übersteigt. Geht die Schulterbelastung über die Toleranzgrenze hinaus, absorbieren die umliegenden Bänder zur Verletzungsverhütung die überschüssige Druckmenge. Glücklicherweise sorgen die vier Sehnen der Rotatorenmanschette sowie eine Reihe kräftiger Muskeln, u. a. der zwei- und dreiköpfige Armmuskel, der Deltamuskel, der breite Rückenmuskel und der große Brustmuskel, für eine Stabilisierung des Gelenks. Trotzdem ist die Schulter nicht gänzlich gegen Überlastungsschädigungen gefeit. Sportarten wie Schwimmen, Wurfballspiele und Golf, die den Oberkörper unterschiedlich belasten, können zu gleichen Beschwerden im Schultergelenk führen. Wann immer das Schultergelenk wiederholt über seinen vollen Bewegungsumfang geführt wird, besteht Verletzungsgefahr.

Der Oberkörper, einschließlich der Schulter, wird von einer einzigen Funktionseinheit, der Wirbelsäule, gestützt. Obgleich die 24 beweglichen Wirbel den gesamten Oberkörper tragen, ist der Rücken kein starres Stützkorsett, sondern kann in verschiedene Richtungen gebeugt und gedreht werden. Hieraus ergibt sich die S-förmige Krümmung der Wirbelsäule, die sie im Verlauf vom Hals- über den Brustwirbel- zum Lendenwirbelbereich nimmt. Die Halswirbelsäule besitzt die größte Beweglichkeit und gleichzeitig die höchste Verletzungsanfälligkeit.

Bei einer der häufigsten Halswirbelverletzungen, dem sogenannten Schleudertrauma, werden Kopf und Hals infolge eines Autounfalls oder Zusammenpralls beim Sport hiebartig zurückgeworfen. Derlei Verletzungen sind ausgesprochen schmerzhaft, weil die Halsmuskeln sich reflexartig verspannen, um die Bänder vor weiteren Verletzungen zu schützen. Es empfiehlt sich die Einnahme von krampflösenden und schmerzstillenden Mitteln sowie das Tragen einer Stützmanschette.

Obgleich die kräftigsten Wirbelkörper und am stärksten ausgebildeten Muskeln sich hier befinden, ist der Lendenwirbelbereich nicht selten Sitz zahlreicher Beschwerden. Bei Fußball- und Basketballspielern sowie Tänzern ist die Gefahr von Verletzungen in diesem Bereich aufgrund abrupter Drehbewegungen besonders hoch. Und sporadische Kreuzschmerzen sind ein fast jedem wohlbekanntes Übel.

Die Rückenmuskeln und die gegenüberliegenden Bauchmuskeln dienen der Stützung der Wirbelsäule. Beide Muskelgruppen sollten gleichmäßig ausgebildet sein. Während die Rückenmuskeln bei den meisten Menschen kräftig sind, präsentieren sich die Bauchmuskeln eher schwach. Eines der besten Mittel zur Verhütung bzw. Linderung von Rückenbeschwerden ist daher die Kräftigung der Bauchmuskeln.

Auch andere Beschwerden im Oberkörperbereich, wie der Tennisellenbogen, eine zu den meistverbreiteten Überlastungsschäden der Oberarme zählende Sehnenentzündung, lassen sich mit Hilfe von Kräftigungstechniken am wirksamsten in den Griff bekommen. Studien zufolge leidet fast ein Drittel aller Tennisspieler unter dem Tennis-Ellenbogen, wobei Personen, die älter als 40 Jahre sind und regelmäßig spielen, besonders anfällig dafür sind. Man unterscheidet zwei Verletzungstypen. Vom eigentlichen Tennis-Ellenbogen spricht man bei Sehnenschäden am äußeren Ellenbogengelenk, zumeist infolge inkorrekter Rückhandtech-

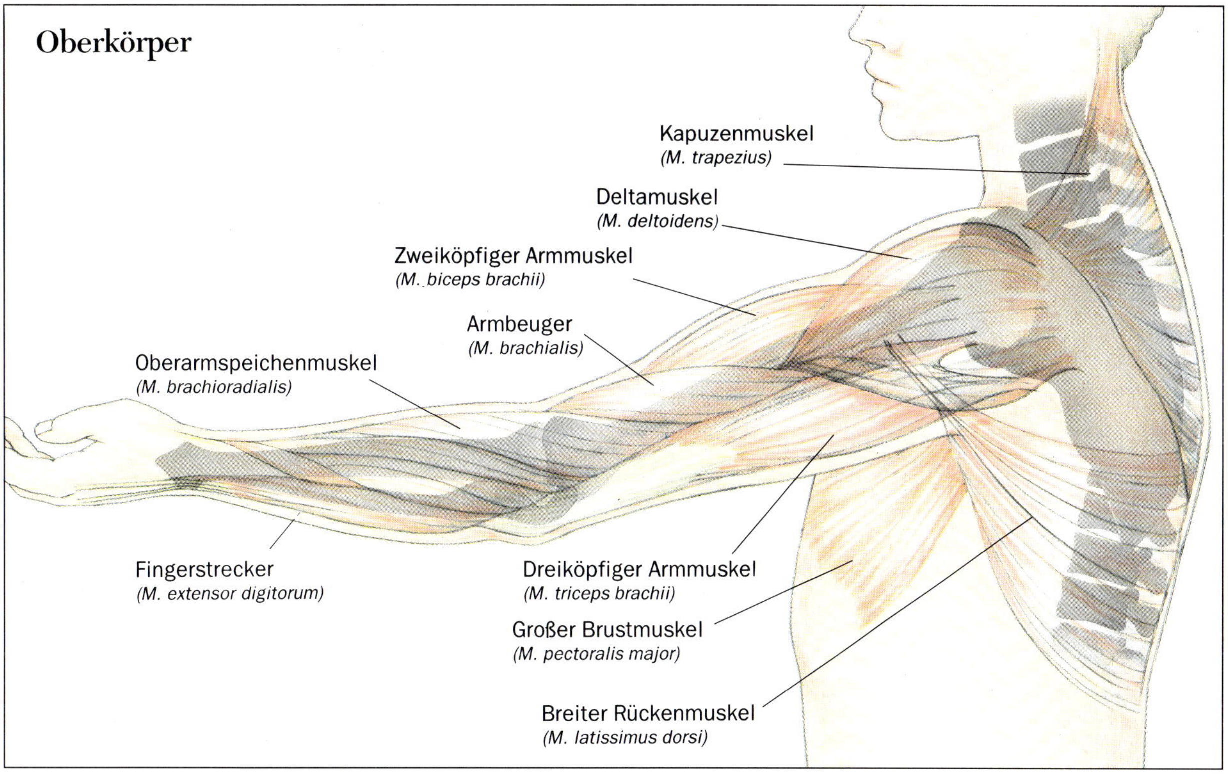

nik. Erfolgt der Schlag maßgeblich aus dem Handgelenk, werden die dem äußeren Oberarmknochen entspringenden Unterarmmuskeln überlastet, und es kommt zu Entzündungserscheinungen an dieser Stelle. Schläger mit zu großer Griffstärke steigern das Verletzungsrisiko. Falsch ausgeführte Vorhandschläge greifen die Ellenbogeninnenseite an und führen zum „Werfer-Ellenbogen". Gegen beide Symptome kann mit Übungen für die Armmuskeln vorgegangen werden.

Handgelenk und Hand betreffende Verletzungen reichen von leichten Schnittwunden zu ernstzunehmenden Verstauchungen und Frakturen. Das Handgelenk besteht aus acht kleinen, von Bändern umgebenen Knochen. Die zwei wichtigsten Unterarmknochen sind Elle und Speiche. Obgleich das Handgelenk leicht gebeugt werden kann, dient es hauptsächlich der Stabilisierung der Hand, die ihre Kraft vor allem aus den Unterarmmuskeln bezieht. Bei sämtlichen mit ruckartigen Armbewegungen einhergehenden Sportarten, wie Tennis, Volleyball, Bowling und Gewichtheben, besteht die Gefahr von Handgelenkreizungen.

Das nachfolgende Kapitel stellt Übungen vor, die die wesentlichen Sehnen, Bänder, Knochen und Gelenke des Oberkörpers aufbauen und kräftigen. Bei bereits eingetretenen Beschwerden sind sie zudem geeignet, den Heilungsprozeß zu beschleunigen. Jedoch sollte jede Verletzung, die mit heftigen Schmerzen oder langwierigen Beschwerden einhergeht, ärztlich diagnostiziert und behandelt werden.

Verbände anlegen/1

Pflasterverbände dienen der Gelenkstabilisierung und Entlastung von Verletzungsbereichen, damit die Heilungsdauer verkürzt wird. Dabei haben sich Verbände im Unterarm- und Handbereich als besonders wirkungsvoll gezeigt, da der Fett- und Bindegewebsanteil in dieser Region gering ist. Fett und Bindegewebe ermöglichen nämlich ein permanentes Hin- und Hergleiten der Haut über dem darunterliegenden Gewebe und beeinträchtigen deshalb die Effektivität von Verbänden.

Die zu verbindende Stelle reinigen und Haare entfernen. Bei Körperbereichen, wo Rasur vermieden werden soll, oder bei Pflasterallergien eine Lage Mull unterlegen. Den Verband immer behutsam abnehmen und stets eine Verbandsschere verwenden, um Verletzungen zu verhindern. Das Pflaster nicht wegreißen, sondern vorsichtig abziehen. Nach Abnahme des Pflasters die Haut mit Wasser und Seife reinigen, um Kleberreste zu entfernen. Bei trockener Haut sollte man eine Feuchtigkeitscreme auftragen.

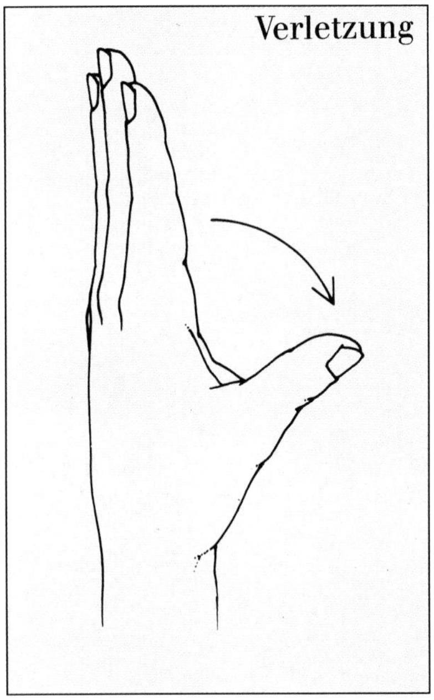

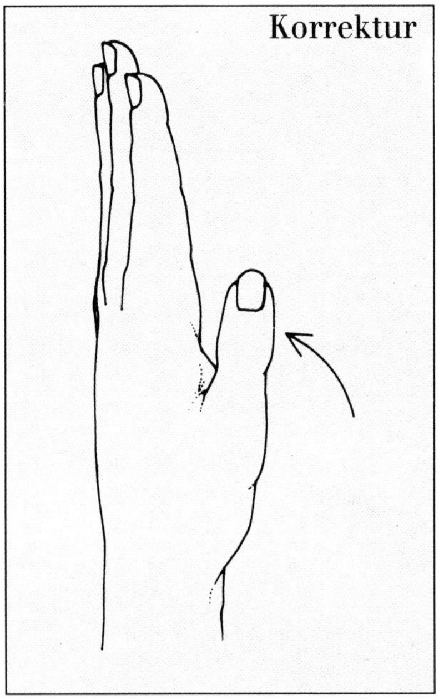

Eine der häufigsten Daumenverletzungen tritt beim Sturz auf den abgespreizten Daumen auf *(ganz links)*. Da die Hand beim Skisturz aufgrund der Stockhaltung ungefähr in dieser Weise gehalten wird, spricht man auch vom „Ski-Daumen". Den Daumen zum Verbinden zunächst in Mittelstellung bringen *(links)*.

***A:* Am Rücken des Handgelenks beginnend, den Pflasterstreifen in Form einer 8 entlang der Handgelenksunterseite um den Daumen herum zum Ausgangspunkt zurückführen. Anschließend vier überlappende Pflasterstreifen anbringen. *B:* Die Pflasterenden mit zwei überlappenden Querstreifen befestigen.**

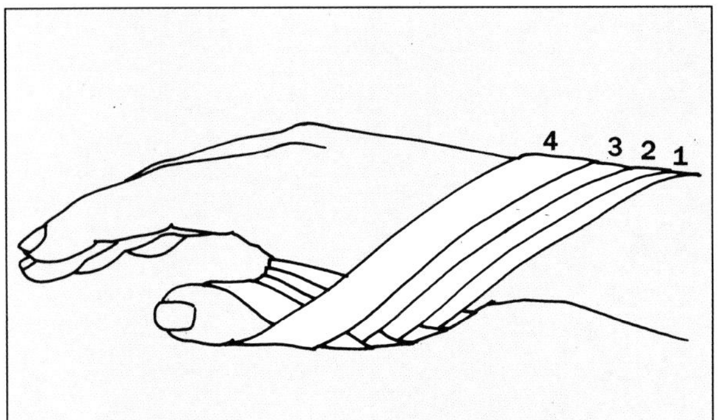

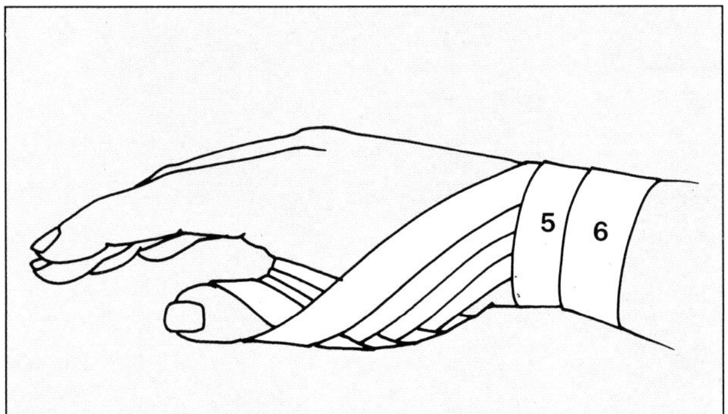

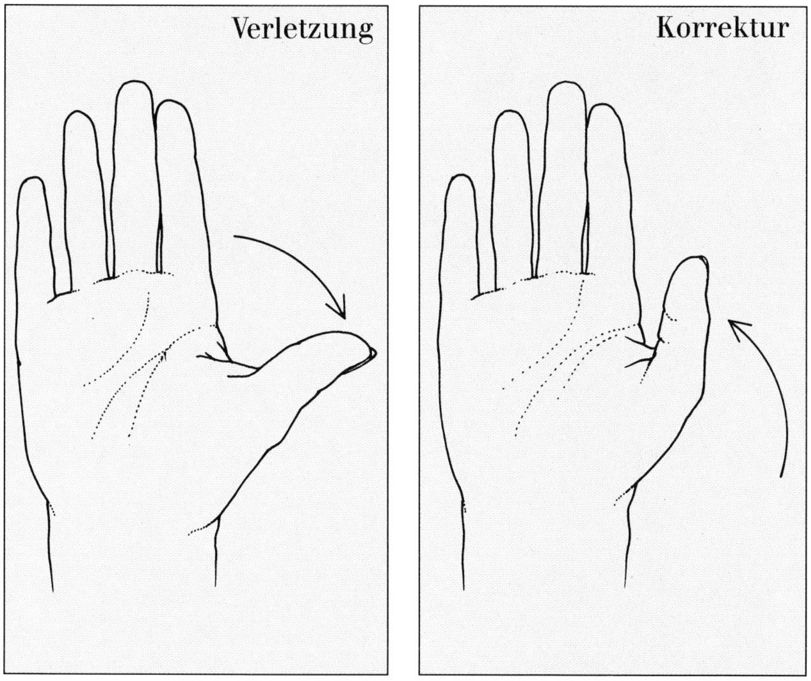

Eine weitere Verletzung ist die Überstrekkung des Daumens nach außen zur Speiche hin *(ganz links)*, die oft infolge Zusammenstoßes bei Mannschaftssportarten auftritt. Den Daumen vor der Versorgung in Mittelstellung bringen *(links)*.

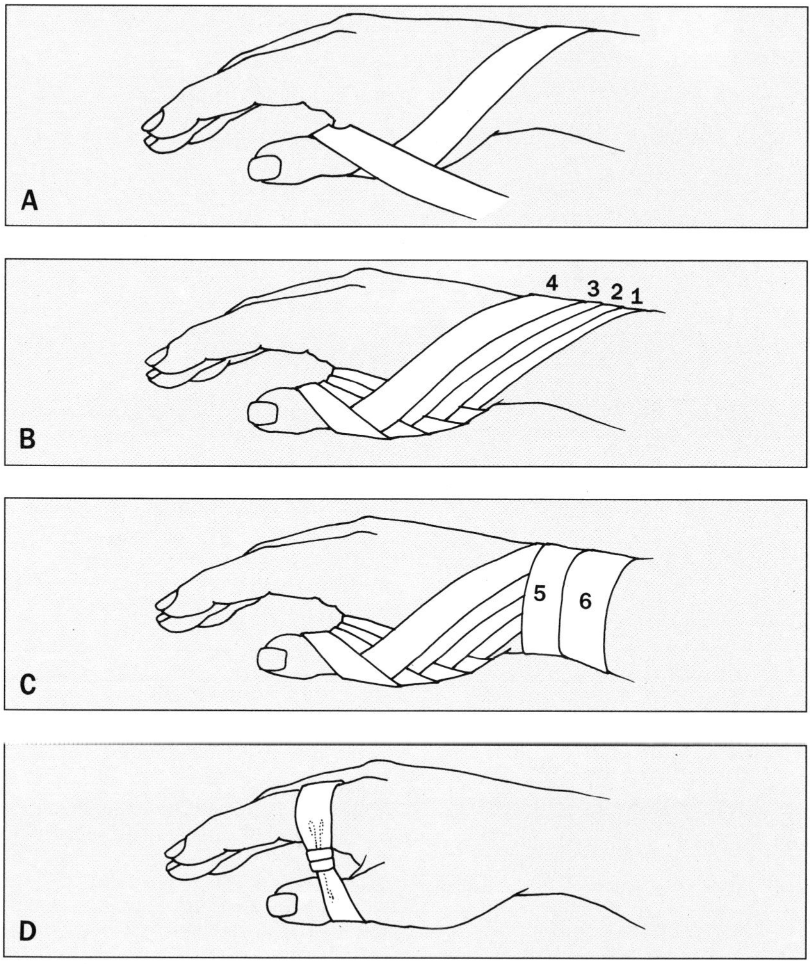

A: Pflasterstreifen in Form einer 8 vom Handgelenksrücken ausgehend um den Daumen legen. An der Daumenbeugefalte das Pflaster etwas einfalten, um bewegungseinschränkendes Kneifen zu verhindern. *B:* Das Pflaster über das Handgelenk zurück zum Ausgangspunkt führen. Vier überlappende Streifen anbringen. *C:* Die Enden mit zwei überlappenden Querstreifen befestigen. *D:* Anstelle der oben gezeigten Verbandsform oder als ergänzende Sicherung einen durch zwei schmale Streifen gerafften Zügel um Daumen und Zeigefinger legen.

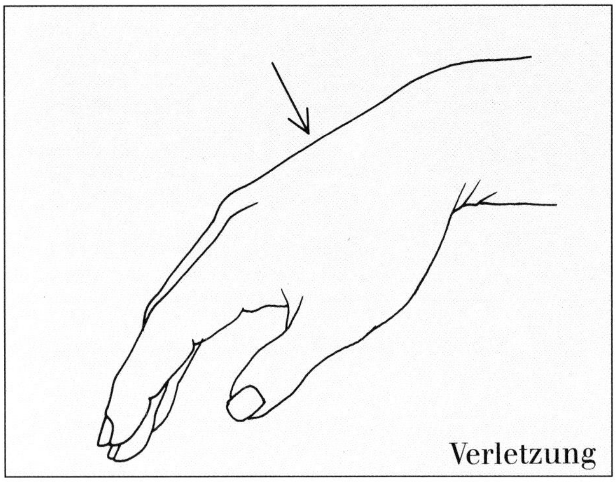

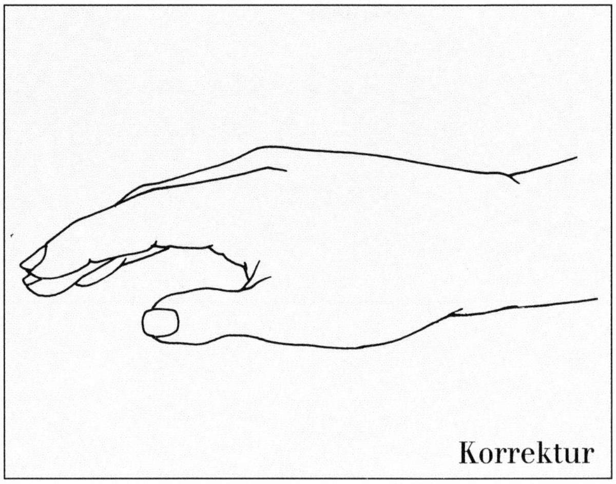

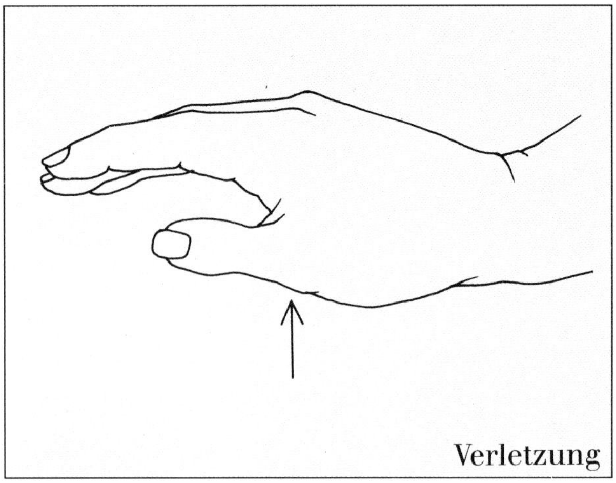

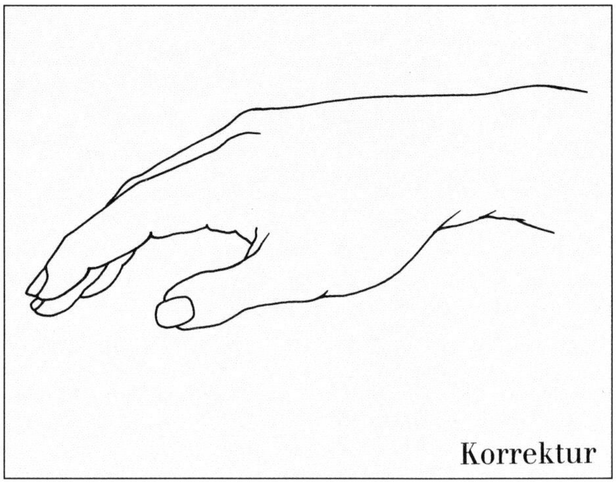

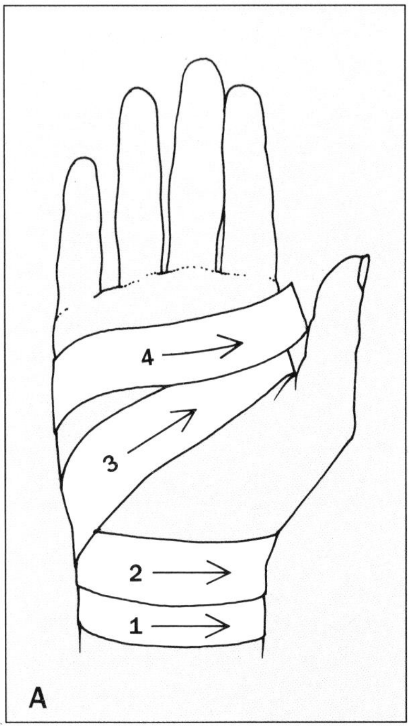

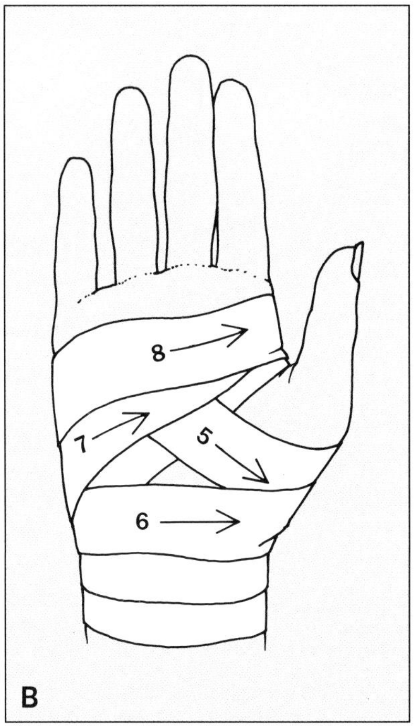

Verbände anlegen/2

A: Zu Überbeugungsverletzungen und Verstauchungen des Handgelenks kommt es, wenn die Hand gewaltsam gegen die Unterseite des Unterarms gedrückt wird *(ganz oben links)*. Zur Versorgung die Handposition durch leichtes Strecken der Hand korrigieren *(ganz oben rechts)*. Überstreckungsverletzungen des Handgelenks *(oben links)* sind Folge von Stürzen. Zum Verbinden die Hand leicht gebeugt halten *(oben)*.

A: Zur Stützung des Handgelenks nach Verstauchung zwei Pflasterstreifen um das Handgelenk kleben. Streifen 3 und 4 verlaufen diagonal über die Handfläche. Dabei darauf achten, daß der Verband nicht zu straff sitzt. *B:* Vier weitere Pflasterstreifen um Handfläche, Handgelenk und Daumen legen.

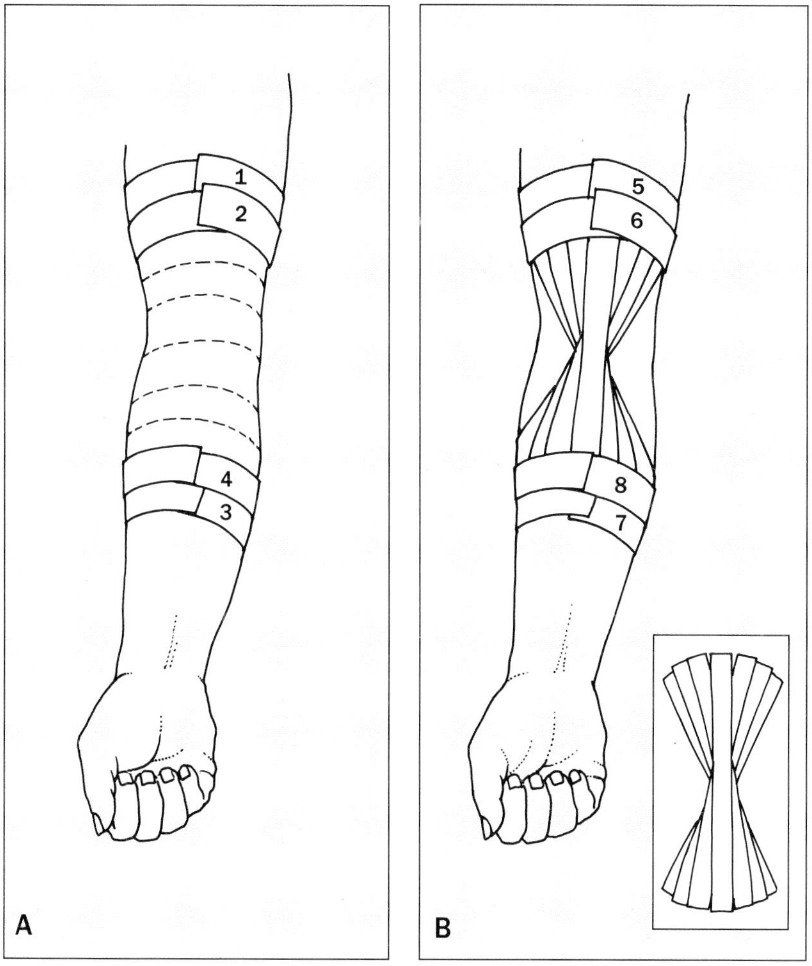

A: Bei Überstreckung des Ellenbogens durch Sturz oder Zusammenprall den Ellbogen leicht gebeugt halten und einen Mullverband anlegen. Die Enden der Mullbinde mit Pflasterstreifen befestigen. *B:* Auf dem Mullverband sieben 20 cm lange Pflasterstreifen fächerförmig aufkleben *(kleine Abbildung)* und die Enden mit je zwei Pflasterstreifen befestigen. Nach Anlegen des Verbandes sollte der Ellenbogen noch gebeugt werden können, eine vollständige Streckung jedoch unmöglich sein.

Hand

Weil man sie instinktiv einsetzt, um Stürze abzufangen oder die Wucht von Zusammenstößen zu dämpfen, sind die Hände in vielfältiger Weise verletzungsgefährdet. Und weil die Handgelenke ausgesprochen zart sind, verursachen geringfügige Schwellungen oft schon erhebliche Schmerzen. Ein eingeklemmter Finger beispielsweise kann über Wochen hinweg schmerzhaft bleiben. Finger- und Daumenverrenkungen müssen ärztlich behandelt werden.

Obgleich die Hand dem Aufbau nach dem Fuß sehr ähnelt, ist sie wesentlich beweglicher, hauptsächlich weil sie keine gewichttragende Funktion hat. Die vier Finger sind sehr beuge- und streckfähig, sie können zur Faust eingerollt und gestreckt werden. Der Daumen kann nach innen und außen geführt und gedreht werden.

Der sogenannte Ski-Daumen, eine Bänderverletzung im Daumengrundgelenksbereich, ist die meistverbreitete Daumenverletzung. Sie tritt meist beim Sturz auf den abgespreizten Daumen auf oder wenn der Daumen während des Abfahrtslaufs von den Schlaufen der Skistöcke heftig nach hinten gezogen wird. Weniger schwerwiegende Fälle können wie alle anderen leichten Sportverletzungen nach der RKDH-Methode *(S. 24–25)* behandelt werden. Nach Abklingen von Schmerz und Schwellung empfiehlt sich die Aufnahme eines sanften Dehn- und Übungsprogramms. Mit Ski-Daumen sollte nicht leichtfertig umgegangen werden; d. h. bei Unsicherheit hinsichtlich der Verletzungsschwere ist ein Arzt zu konsultieren.

Viele der an der Hand- und Fingerbewegung beteiligten Muskeln befinden sich nicht in den Händen, sondern im Unterarm. Sie sind durch lange Sehnen mit den Fingern verbunden. Die Übungen auf diesen beiden Seiten steigern die Muskelkraft und verringern damit das Verletzungsrisiko.

Einen großen Gummiball 1 Sekunde lang so fest wie möglich halten, dann entspannen. Dreimal 10 Wiederholungen ausführen, dann Handwechsel vornehmen.

Übungsvariante: Eine Griff-Feder benutzen und die Griffe zusammendrücken. Dreimal 10 Wiederholungen ausführen. Dann Handwechsel vornehmen.

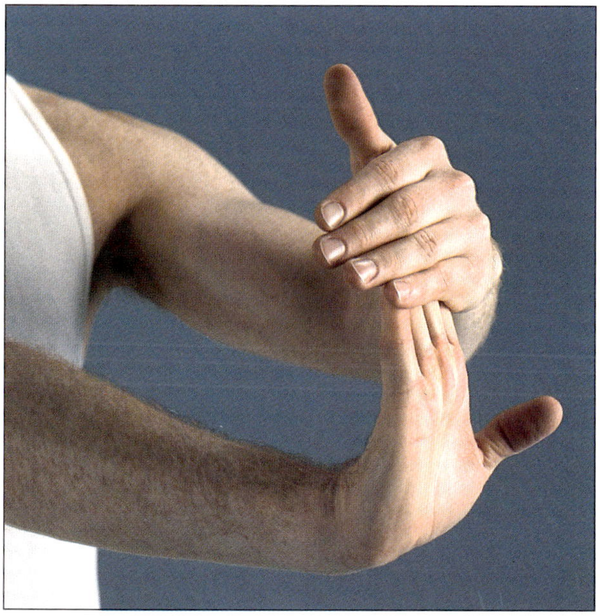

Den rechten Arm ausstrecken, die Fingerspitzen zeigen nach oben. Mit der linken Hand die Finger für 10 Sekunden vorsichtig und dabei kräftig nach hinten ziehen; dann entspannen. Die Übung mehrmals mit beiden Händen machen.

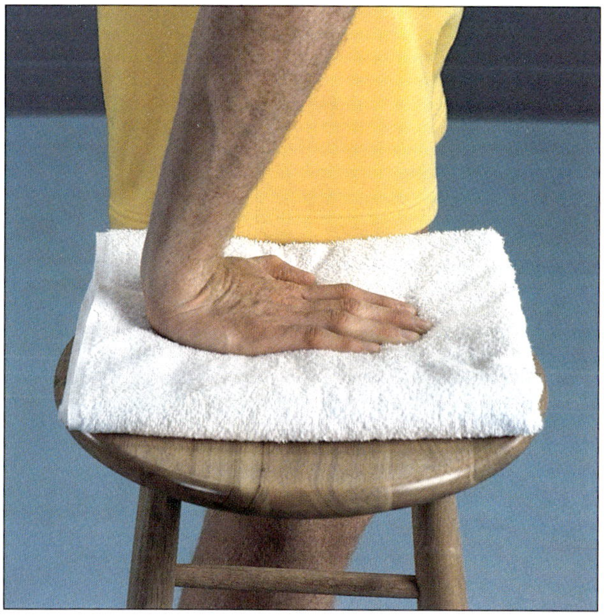

Als Alternativübung die Handfläche auf einen gepolsterten Hocker aufsetzen, dann nach vorn lehnen. Diese Position 10 Sekunden halten. Danach umdrehen und dieselbe Übung mit der anderen Hand wiederholen.

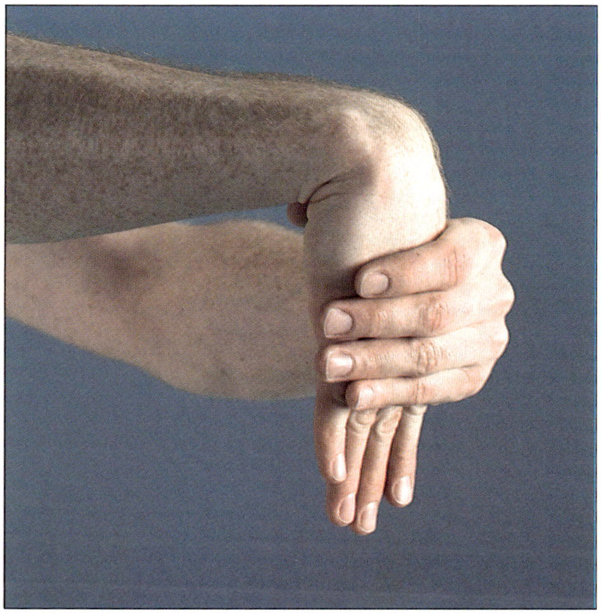

Zur Dehnung der für die Handbeugung zuständigen Unterarmmuskeln das Handgelenk gerade halten, die Fingerspitzen zeigen nach unten. Mit der anderen Hand mindestens 10 Sekunden gegen die Knöchel drücken. Dann Handwechsel.

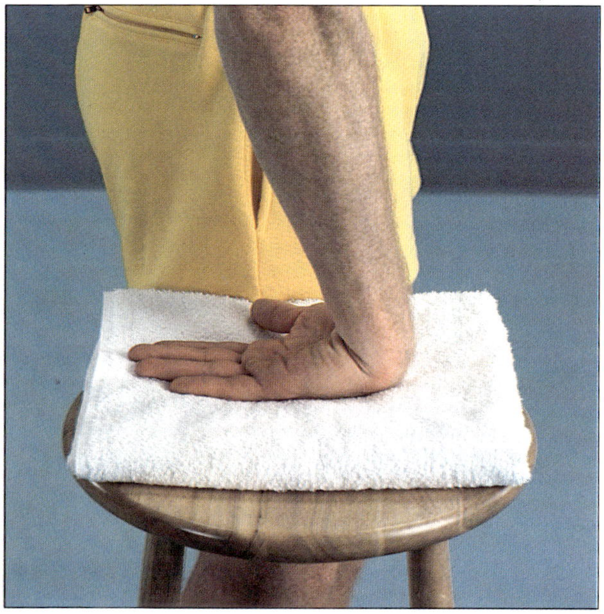

Als Alternativübung den Handrücken rechtwinklig auf einen gepolsterten Hocker auflegen. Nach hinten lehnen und die Position mindestens 10 Sekunden halten, dann Handwechsel.

Handgelenk und Unterarm

Trotz seiner kleinen Knochen und exponierten Lage ist das Handgelenk dank der Verspannung mittels kräftiger Sehnen und Bänder ein vergleichsweise widerstandsfähiges Gelenk. Während Verrenkungen selten sind, beobachtet man häufig Verstauchungen, Brüche und Sehnenverletzungen. Diese Beschwerden werden entweder durch Überlastungsschäden der Muskeln und Sehnen verursacht oder sind unmittelbare Folge von Unfallverletzungen.

Die Sehnen der Unterarmmuskeln dienen der Stabilisierung und Bewegung des Handgelenks. Einige dieser Sehnen setzen am Oberarmknorren in unmittelbarer Nähe zum Ellenbogen an. Als Tennis-Ellenbogen bezeichnete Entzündungszustände in diesem Bereich sind meist Resultat falscher Rückhandtechnik, bei der der Schlag größtenteils aus dem Handgelenk geführt wird, statt die Hand ruhig zu halten und die Kraft des ganzen Armes und der Schulter einzusetzen. Es handelt sich dabei um Beschwerden, die nicht nur bei Tennisspielern anzutreffen sind, sondern die allgemein bei Aktivitäten mit wiederholten, stereotypen Bewegungen mit einem Arm auftreten, wie z. B. bei Golfspielern, Schwimmern, Tischlern und Elektrikern.

Regelmäßige Kräftigungsübungen tragen zur Verhütung von Tennis-Ellenbogen und von sonstigen Überlastungsschäden bei. Von jeder der gezeigten Übungen dreimal 10 Wiederholungen ausführen.

Zur Stärkung der für die Drehung des Handgelenks zuständigen Muskeln eine Hantel in der rechten Hand halten. Den Unterarm mit der linken Hand stützen. Das Handgelenk wie gezeigt nach oben und unten drehen, dann Handwechsel.

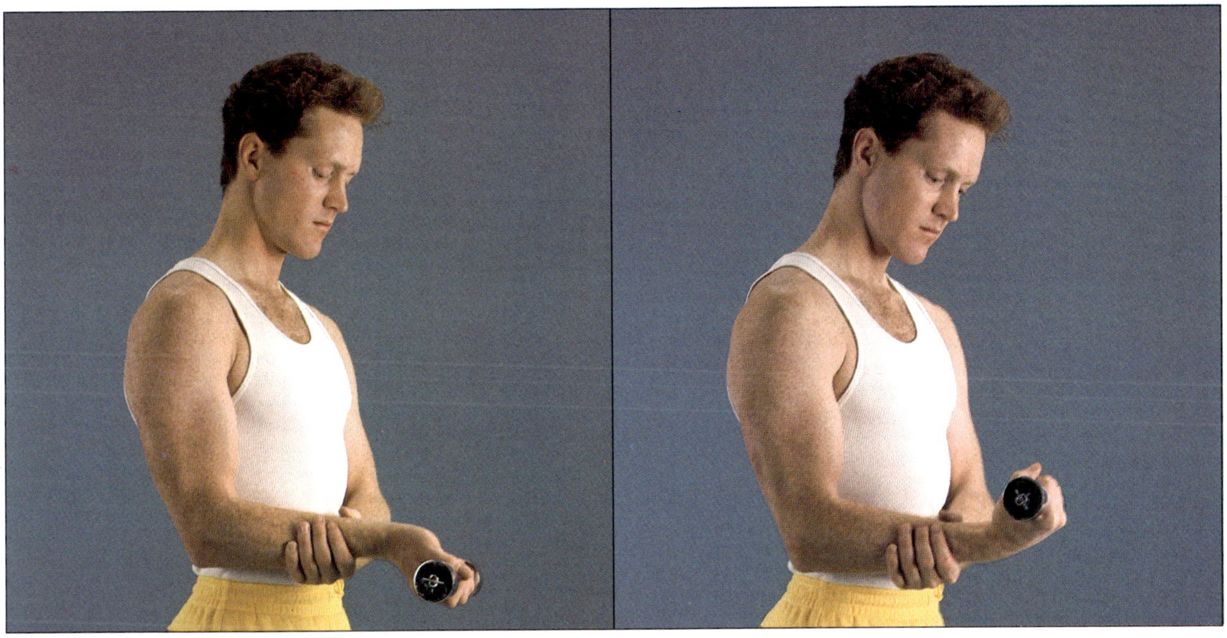

Zur Kräftigung der Handgelenksbeuger eine Hantel in der rechten Hand halten. Den Unterarm mit der linken Hand stützen. Die Übung wie oben gezeigt ausführen, dabei zwischen den beiden Positionen abwechseln; dann Handwechsel.

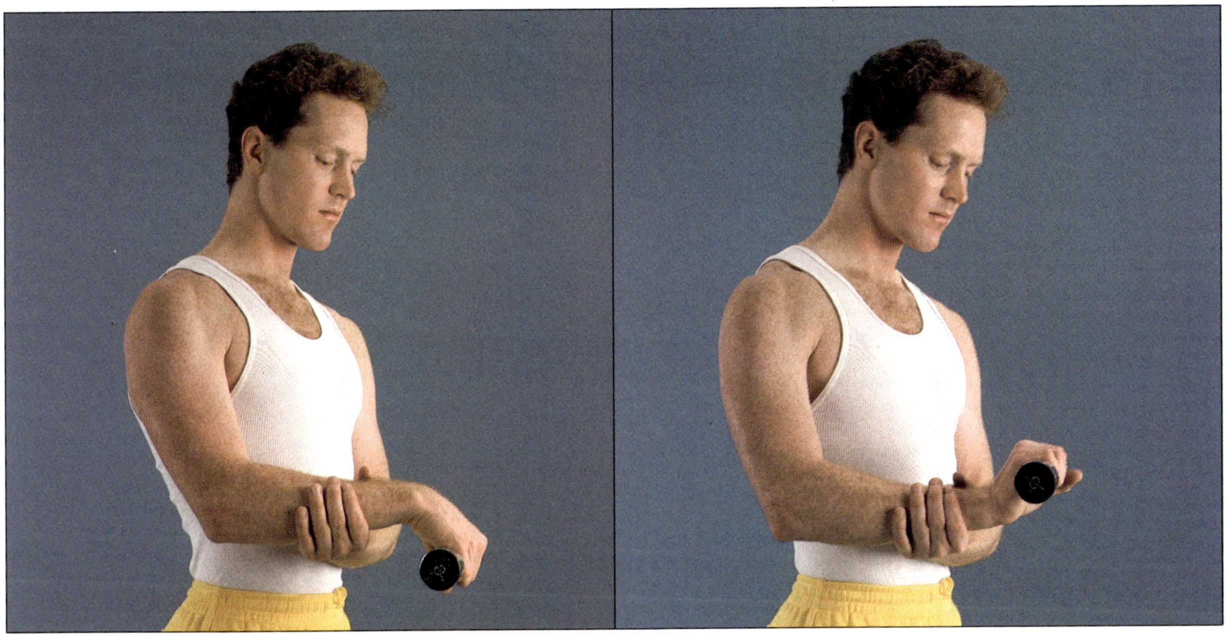

Die Hantel mit einer Hand fassen, die Handfläche zeigt jetzt nach unten. Den Unterarm mit der anderen Hand stützen. Zur Kräftigung der Handstrecker zwischen den oben demonstrierten Positionen abwechseln; dann Handwechsel.

Oberarm/1

Verletzungen des Oberarms sind relativ selten, jedoch gewährleistet eine Kräftigung der Muskeln in diesem Bereich in jedem Fall eine optimale Ellenbogen- und Schulterfunktion. Zu den wichtigsten Oberarmmuskeln zählen der zweiköpfige Armmuskel *(M. biceps brachii)*, der an der Armvorderseite verläuft, den Ellenbogen beugt und die Schulter nach vorne dreht; der bei der Beugung und Drehung des Ellenbogens beteiligte Armbeuger *(M. brachialis)* sowie der dreiköpfige Armmuskel *(M. triceps brachii)* an der Armrückseite, der für die Streckung des Ellenbogens sorgt *(Abbildung S. 95)*.

Die Übungen auf diesen beiden Seiten dienen der Kräftigung der für die Streckung des Ellenbogens verantwortlichen Muskeln, vor allem des Trizeps-Muskels. Mit den Übungen auf den nachfolgenden beiden Seiten werden die den Ellenbogen beugenden Muskeln, also Bizeps, Armbeuger und Oberarmspeichenmuskel, gekräftigt. Auszuführen sind jeweils dreimal 10 Wiederholungen.

Eine Hantel mit einer Hand halten, der Ellenbogen ist dabei gebeugt. Den Oberarm nach oben führen und mit der anderen Hand abstützen *(ganz oben)*. Mit unbewegtem Oberarm den Ellenbogen strecken *(oben)*, dann Armwechsel.

Die gleiche Übung mit dem Gummiband: Das Band hinter dem Körper an einem Türgriff befestigen; dabei den Abstand so wählen, daß das Band bei gebeugtem Ellenbogen gespannt ist *(kleine Abbildung)*. Jetzt den Ellenbogen strecken *(rechts)*, dann Armwechsel.

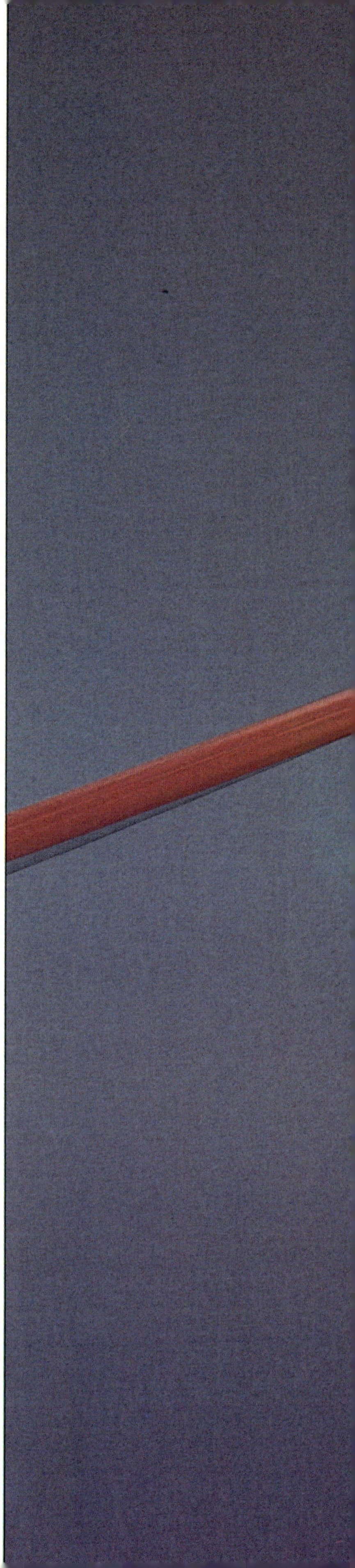

Oberarm/2

Zur Kräftigung der Bizeps-Muskeln zwischen 1 kg und 2,5 kg schwere Hanteln in beiden Händen halten, die Handflächen zeigen nach oben. Die Ellenbogen abwechselnd beugen und strecken.

Zur Kräftigung von Bizeps und Armbeugern die gleiche Übung wie links ausführen, allerdings in diesem Fall die Hanteln so halten, daß die Handflächen dabei nach unten zeigen.

Die Hanteln seitlich halten, so daß die Handflächen gegeneinander zeigen. Die Ellenbogen abwechselnd beugen und strecken, um Oberarmspeichenmuskel und Ellenbogenbeuger zu kräftigen.

Zur Bizeps-Kräftigung mit Hilfe eines Gummibandes das Band an einem vor dem Körper befindlichen feststehenden Gegenstand befestigen. Das Band ist bei gestrecktem Arm gespannt *(gegenüber, kleine Abbildung)*. Die Ellenbogen beugen und die Hand in Richtung Schulter führen, während das Handgelenk unbewegt bleibt, dann Armwechsel.

Schulter/1

Die große Beweglichkeit des Schultergelenks, das um 360 Grad gedreht werden kann, ist Voraussetzung für viele Wurfsportarten sowie Tennis und Schwimmen. Diese enorme Beweglichkeit hat jedoch Nachteile. Die Schulter ist das am wenigsten stabile Gelenk. Es ruht lose in einer flachen, verhältnismäßig kleinen Gelenkpfanne. Die umliegenden Bänder geben ebenfalls nur unzureichenden Halt; das Schultergelenk wird einzig durch die hier verlaufenden Muskeln und Sehnen gehalten.

Überlastungsschäden der Schulter kann man in Anlehnung an die Wurf- und Schlagbewegungsphasen in drei Kategorien einteilen: Ausholen, Beschleunigen, Nachschwingen.

Schmerzen an der Schultervorderseite infolge wiederholten Ausholens sind eine bei Schwimmern, Turnern, Tennis- und Basketballspielern häufige Beschwerde. Kraftvoller Schultereinsatz für härtere Schläge oder Würfe begünstigt Überlastungsschäden des großen Brust- und des Deltamuskels sowie der hier befindlichen Sehnen.

Die Beschleunigung beim Werfen, Schlagen, Heben oder Ziehen kann verschiedene Überlastungsschäden des großen Brustmuskels, Bizeps und Trizeps verursachen.

Zu den bevorzugten Opfern von durch Nachschwingbewegungen ausgelösten Überlastungsschäden gehören Tennis- und Golfspieler. Überwiegend betroffen sind dabei die Muskeln an der Schulterrückseite, die nach beendeter Wurf- oder Schlagbewegung für eine Bremsung des Armes sorgen.

Weitere häufige Krankheitsbilder der Schulter sind Bursitis oder Schleimbeutelentzündung, Reizzustände der Rotatorenmanschette sowie der Sehnen an der Schulteroberseite.

Die Aufwärmübungen auf diesen beiden Seiten sollen die Schulterbeweglichkeit nach einer Verletzung steigern. Auf den nachfolgenden sechs Seiten werden Kräftigungs- und Dehnungsübungen vorgestellt.

Die Hände hinter dem Nacken verschränken und die Ellenbogen vor dem Gesicht zusammenführen *(unten links)*. Anschließend langsam so weit wie auf bequeme Weise möglich die Ellenbogen nach hinten ziehen *(unten)*. Den Bewegungsablauf mehrmals wiederholen.

Zur Steigerung der Schulterbeweglichkeit mit dem Gesicht zur Wand mit den Fingern – so weit wie es auf bequeme Weise möglich ist – an der Wand „hinaufwandern“ *(oben)*. Zur Seite drehen und die Übung wiederholen *(rechts)*.

Schulter/2

Zur Kräftigung der Schulterabduktoren ein Gummiband verwenden. Auf das Band stellen und die Enden so festhalten, daß das Band gespannt ist *(rechts)*. Die Schultern in dreimal 10 Wiederholungen anheben und wieder fallen lassen. Nun das Band etwas locker lassen und die Arme seitlich bis knapp unter Schulterhöhe nach oben führen *(unten rechts)*. Danach die Arme in dreimal 10 Wiederholungen vorn anheben *(unten)*.

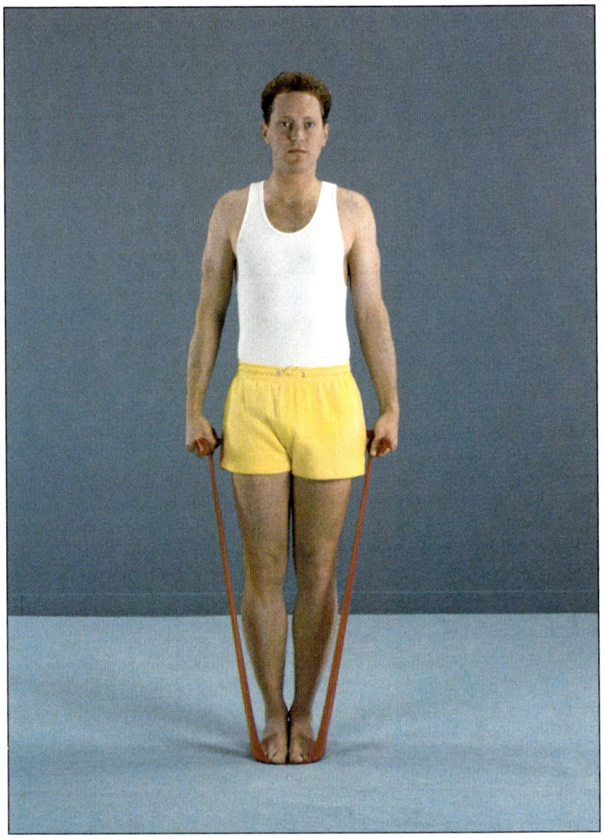

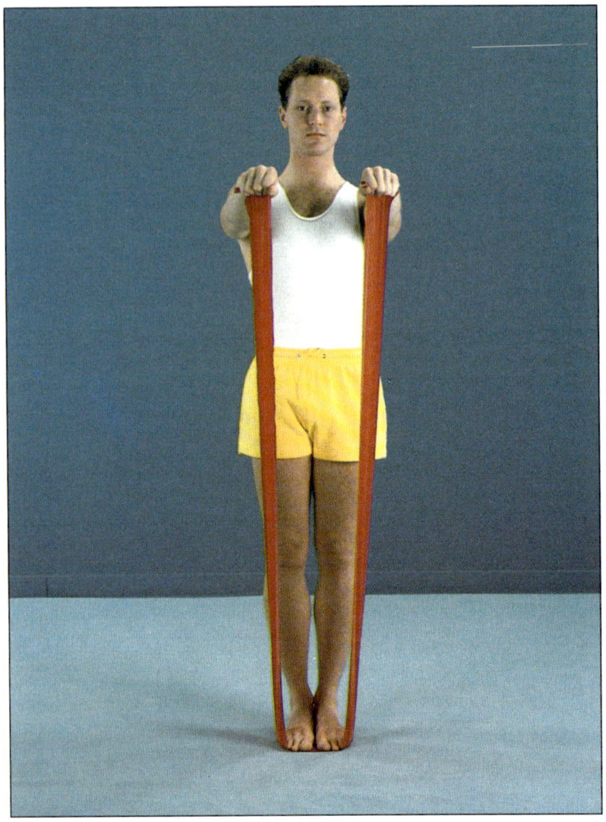

Die auf der gegenüberliegenden Seite gezeigten Übungen können auch mit Hilfe von Hanteln ausgeführt werden. Die Hanteln seitlich vom Körper mit gestreckten Armen zu einer waagerechten Position nach oben führen. Dreimal 10 Wiederholungen ausführen. Ebenfalls zur Muskelkräftigung: Schultern anheben *(kleine Abbildung links)* und Arme vor dem Körper gestreckt nach oben führen *(kleine Abbildung rechts)*.

Schulter/3

Zur Kräftigung der Innenrotatoren das Gummiband an einem Türgriff befestigen. Seitlich zur Tür stehend, das Band mit der sich näher zur Tür befindlichen Hand halten *(rechts)* und mit rechtwinklig gebeugtem Ellenbogen zum Bauch ziehen *(ganz rechts)*. Darauf achten, daß Ellenbogen und Handgelenk sich nicht bewegen. Dreimal 10 Wiederholungen ausführen, dann Armwechsel.

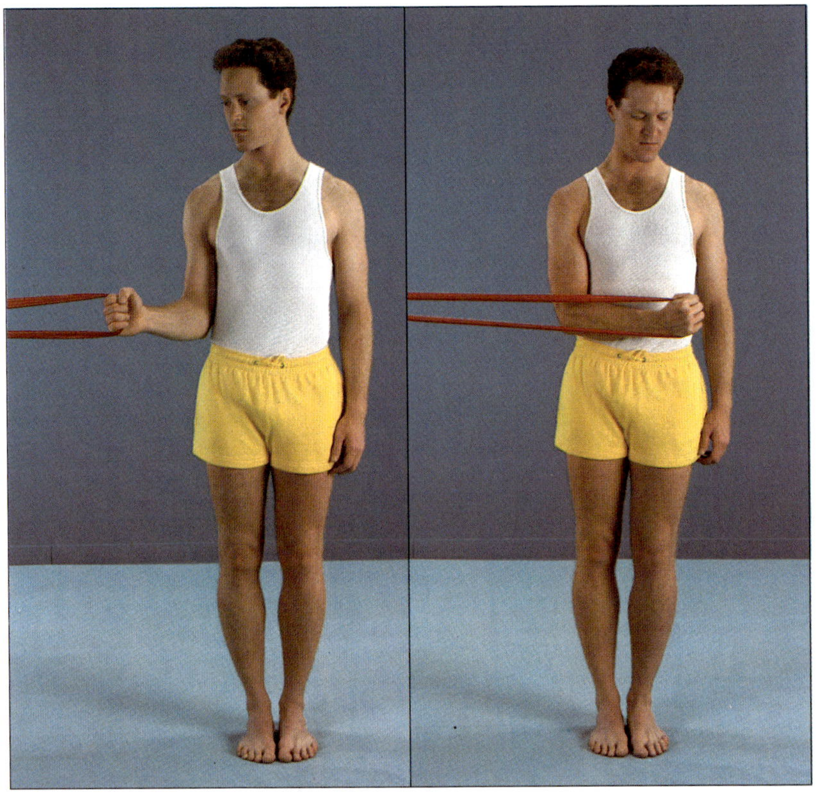

Zur Kräftigung der am Abspreizen beteiligten Außenrotatoren das Band mit der weiter von der Tür entfernten Hand halten *(rechts)*. Während Handgelenk und Ellenbogen unbewegt bleiben, den Arm in dreimal 10 Wiederholungen nach außen führen *(ganz rechts)*. Dann umdrehen und Armwechsel.

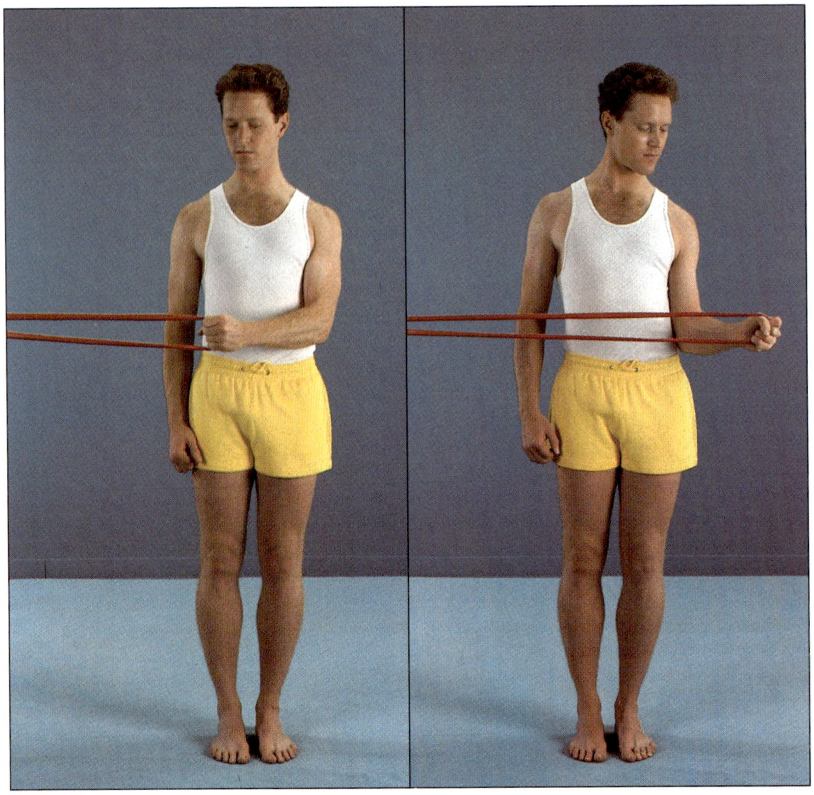

Zur isometrischen Kräftigung der Innenrotatoren ohne Hilfe eines Gummibands an einen Wandvorsprung stellen, den Arm rechtwinklig beugen und die locker geschlossene Hand 5 Sekunden lang so fest wie möglich gegen die Wand drücken. Danach entspannen. Zehnmal mit jedem Arm ausführen.

Zur isometrischen Kräftigung der Außenrotatoren vor dem Wandvorsprung stehend, den Arm rechtwinklig beugen und den Handrücken der locker geschlossenen Hand gegen die Wand legen; 5 Sekunden drücken. Entspannen und die Übung zehnmal wiederholen, dann Armwechsel.

Schulter/4

Zur Dehnung der Außenrotatoren das Handtuch hinter dem Rücken halten. Ein Handtuchende mit dem unteren Arm nach unten ziehen und dann die Position mindestens 10 Sekunden halten. Wiederholen, dann Armwechsel. Erneut am unteren Handtuchende ziehen und halten; dann wiederholen.

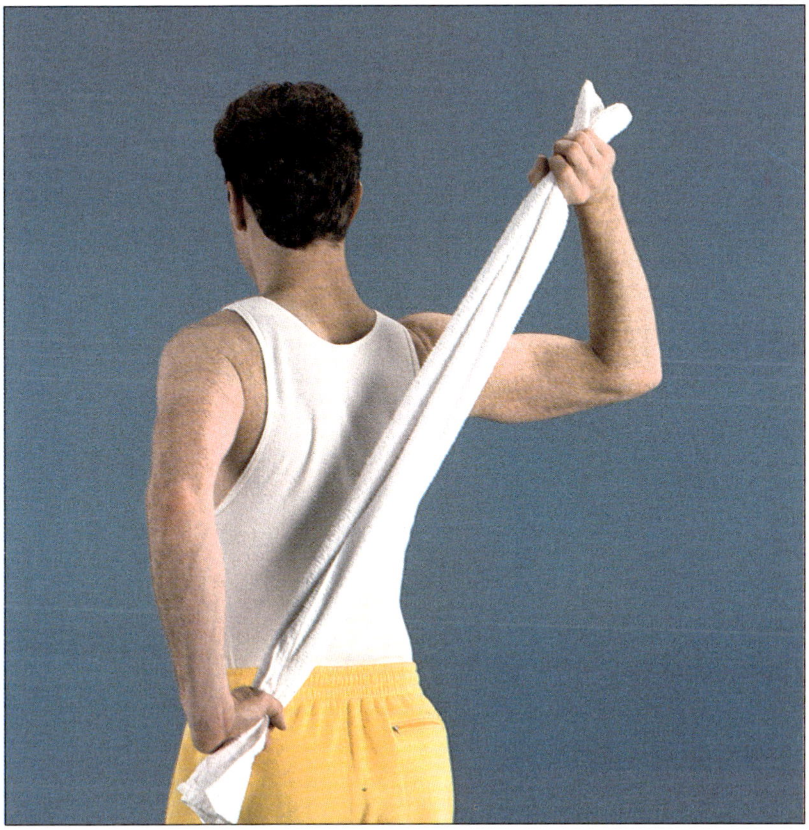

Zur Dehnung der Innenrotatoren das Handtuch hinter dem Rücken halten. Ein Handtuchende mit dem erhobenen Arm nach oben ziehen. Dann Armwechsel vornehmen und erneut ziehen.

Mit geschlossenen Füßen und aufrecht stehend, ein Handtuch gespannt hinter dem Kopf halten *(gegenüberliegende Seite)*. Die Handtuchenden auseinanderziehen, um Brustkorb, Schulter- und Armmuskeln zu dehnen. Die Übung mindestens einmal wiederholen.

Rücken/1

Die von der Schädelbasis zum Becken verlaufende Wirbelsäule bildet die Tragachse des Körpers. Sie wirkt als Stützkorsett, fängt Druckbelastung auf und ermöglicht die aktive und passive Bewegung von Rumpf und Gliedmaßen. Hin und wieder auftretende Rückenschmerzen sind meist nicht schwerwiegend. Daneben gibt es jedoch zahlreiche Rückenverletzungen, die ein ernstzunehmendes Krankheitsbild darstellen. Starke, anhaltende Rückenschmerzen sind daher Anlaß, den Arzt aufzusuchen.

Die meisten Rückenverletzungen betreffen den Lendenwirbelbereich. Beuge- und seitliche Drehbewegungen bedeuten eine Druckbelastung von mehrfachem Körpergewicht für die Lendenwirbelsäule. Wird der Rücken gekrümmt, ist eine erhöhte Muskelanspannung nötig, um die Wirbelsäule zu stützen, wodurch die jeweiligen Stützmuskeln leicht überfordert werden. Das zusätzliche Heben eines Gegenstandes bei gekrümmtem Rücken – auch wenn es sich lediglich um das Aufrichten des eigenen Oberkörpers handelt – setzt die Lendenwirbelsäule einer größeren Belastung aus als bei der seitlichen Drehbewegung. Die meisten die Wirbelsäule stützenden und bewegenden Muskeln befinden sich im Rükken. Eine Ausnahme bilden die Bauchmuskeln. Menschen, die häufig unter Rückenschmerzen leiden, besitzen zumeist schwach ausgebildete Bauchmuskeln. Darüber hinaus begünstigen steife Hüftbeugermuskeln ein Kippen des Beckens nach vorn und eine damit einhergehende extreme Wirbelsäulenkrümmung, was langfristig zur Ausbildung eines Hohlkreuzes führt. Mit den hier beschriebenen Übungen können die Stützmuskeln des Rückens gezielt gekräftigt werden. Techniken zur Steigerung der Hüftbeugerbeweglichkeit sind auf S. 82–83 vorgestellt.

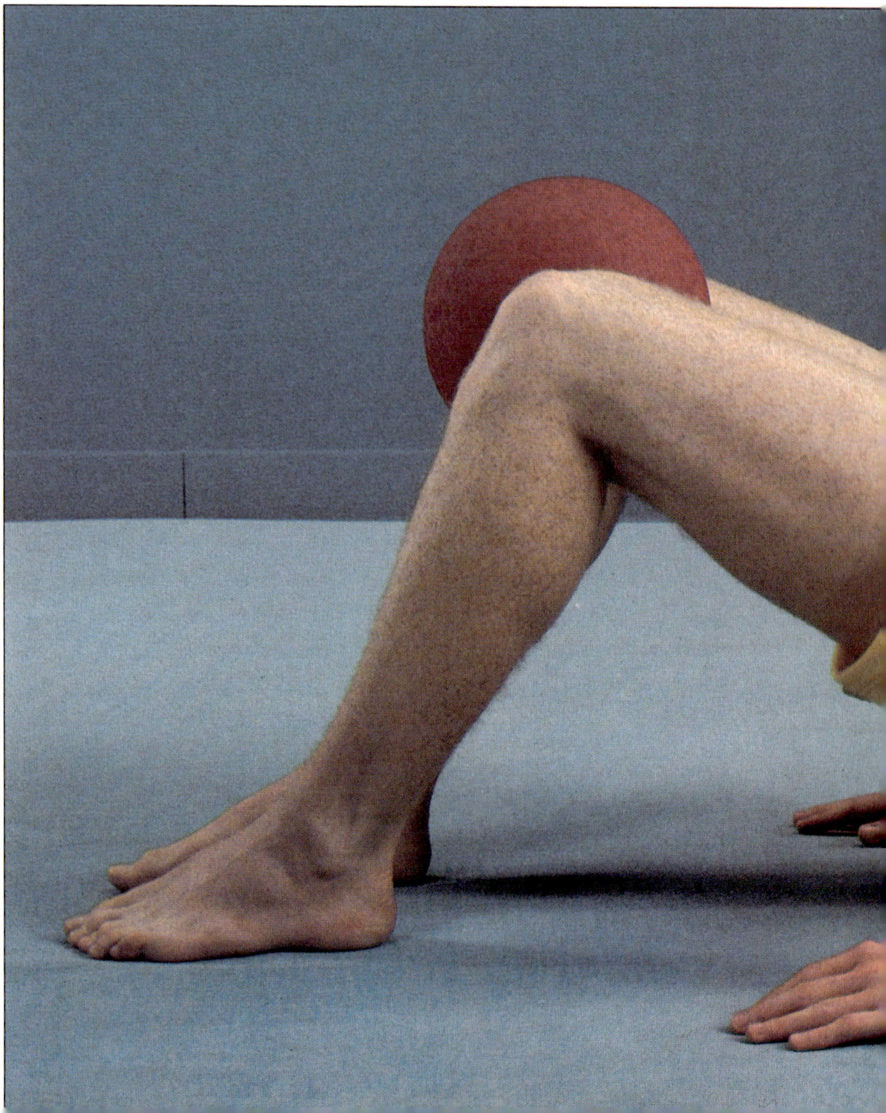

Zur Stärkung der Wirbelsäule und ihrer Beweglichkeit mit angewinkelten Beinen auf den Rücken legen und die Füße flach auf den Bogen setzen. Einen Gummiball zwischen die Knie klemmen, dann das Becken heben und langsam wieder zum Boden absenken. Diese Übung so oft wie möglich wiederholen.

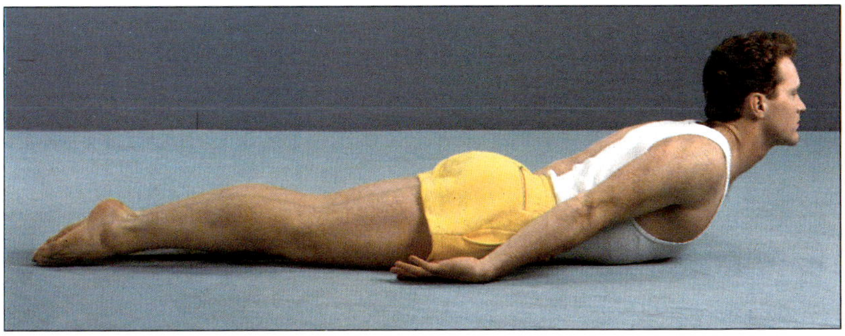

Zur Kräftigung der Rückenstrecker, die einen Rundrücken verhindern, auf den Bauch legen. Die Arme befinden sich seitlich vom Körper. Kopf und Brust 5 Sekunden lang so weit wie möglich vom Boden abheben, dann entspannen. Die Phase allmählich auf 10 Sekunden erhöhen.

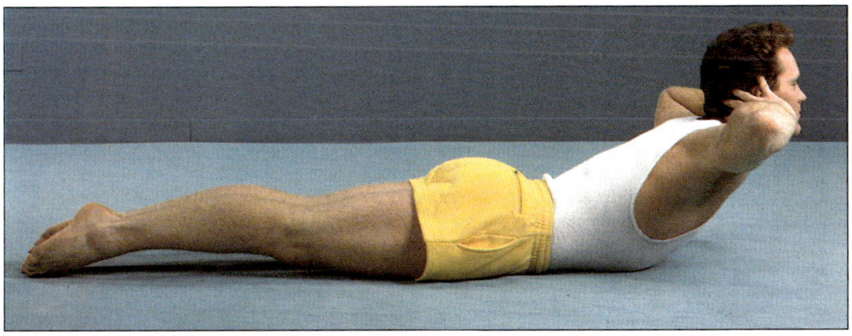

Mit zunehmender Stärkung der Rückenstrecker die Übung intensivieren, indem die Hände hinter dem Kopf gehalten werden. Den Brustkorb nicht länger als 5 Sekunden heben, dann entspannen. Auf dreimal 10 Wiederholungen steigern.

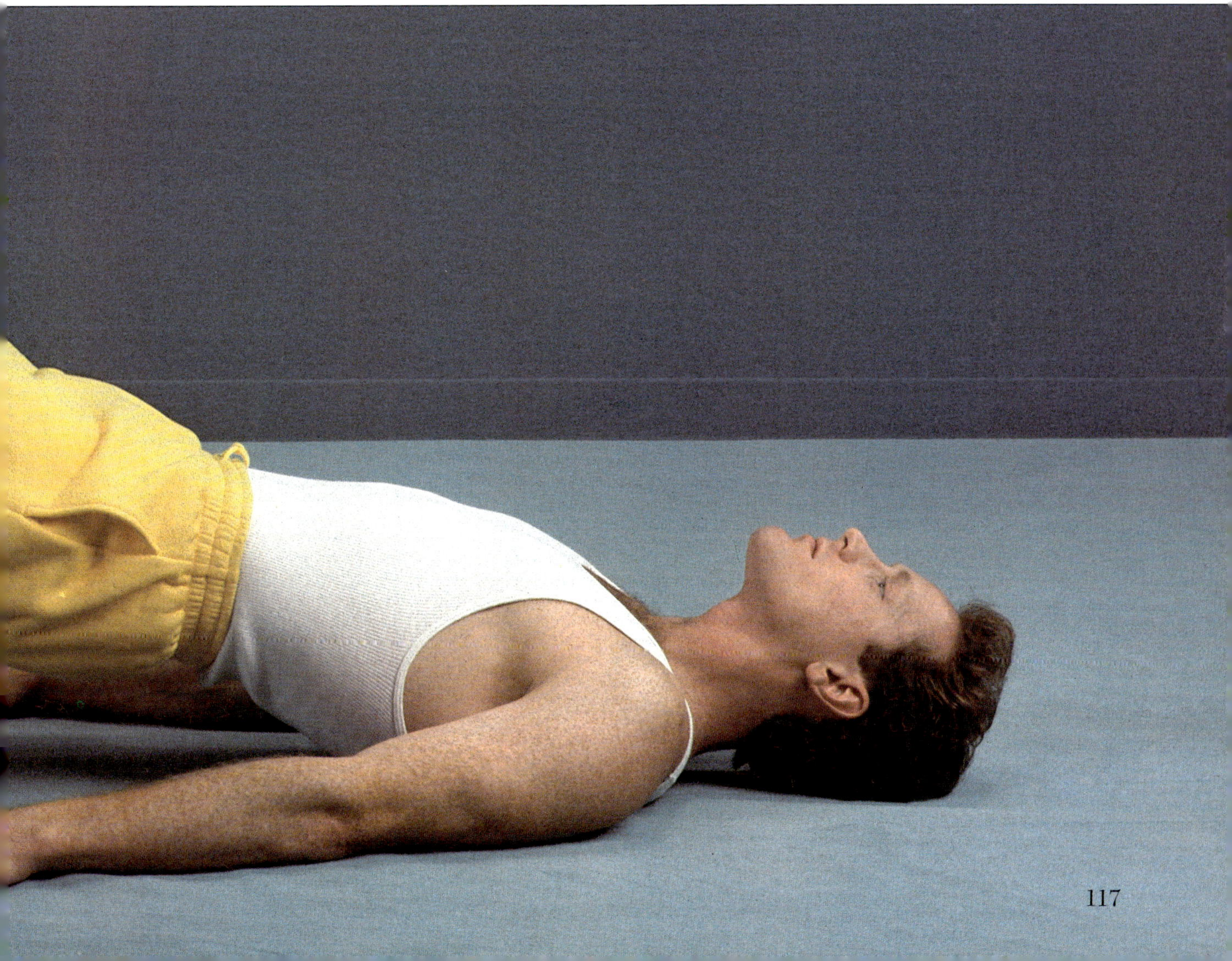

Rücken/2

Zur Bauchmuskelkräftigung mit hinter dem Kopf gehaltenen Händen und angewinkelten Beinen auf den Boden legen. Den Oberkörper langsam hoch- und wieder zurück zum Boden rollen. Die Zahl der Wiederholungen täglich steigern.

Zur Kräftigung der seitlichen Bauchmuskeln den Oberkörper beim Hochrollen abwechselnd leicht nach links und rechts drehen.

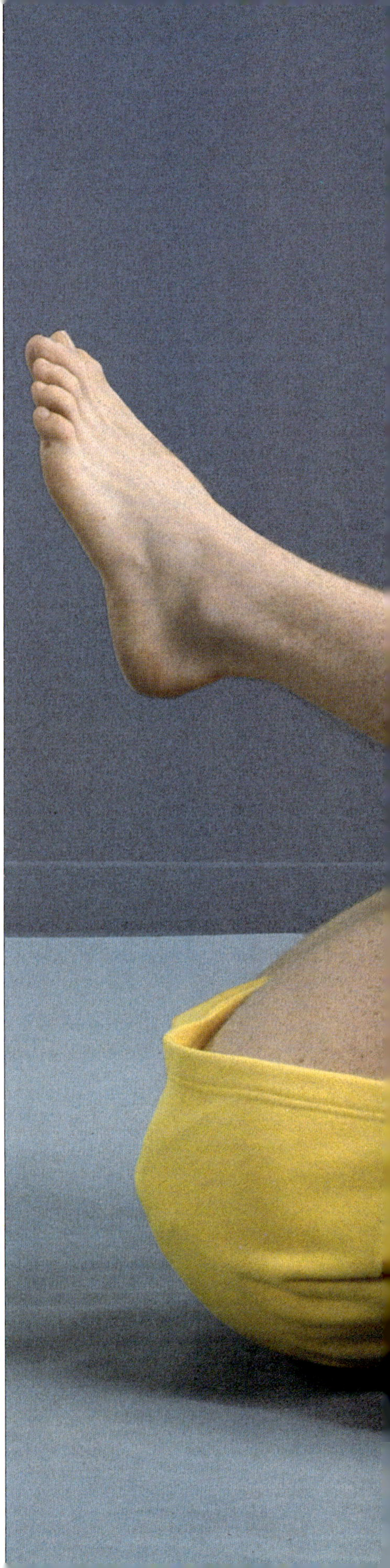

Zur Dehnung der Lendenwirbelsäule auf den Rücken legen, die Knie unter der Kehle fassen und zur Brust ziehen *(rechts)*. Die Position nicht länger als 5 Sekunden halten, dann entspannen. 5 bis 10 Wiederholungen ausführen. Als Alternative nur ein Bein anziehen *(kleine Abbildung)*, dann Beinwechsel.

Rücken/3

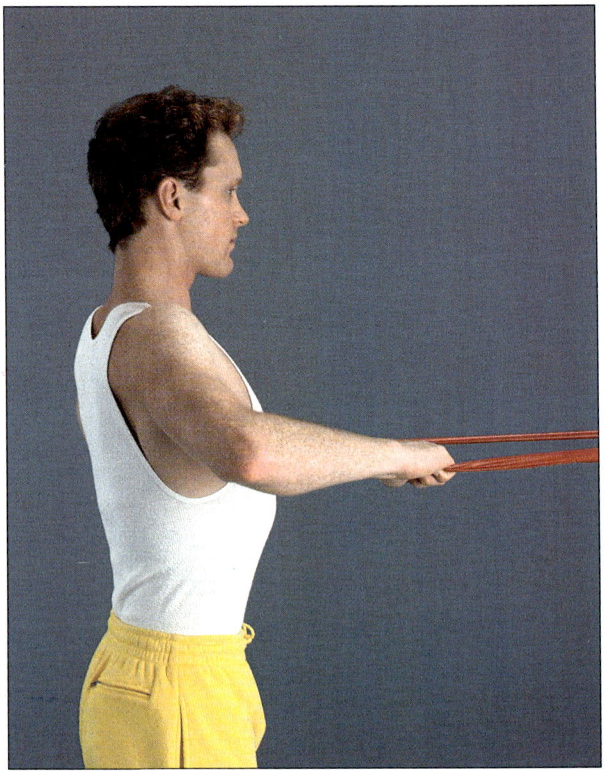

Eine Hand auf den Nacken, die andere auf das Kreuz legen. Die Übung zieht die Schulterblätter zusammen, hält die Schultern gerade und kräftigt die für korrekte Körperhaltung verantwortlichen Muskeln. 10 Sekunden halten, dann wechseln.

Ein Gummiband an einem Türgriff oder an einem anderen feststehenden Gegenstand befestigen. Mit beiden Händen fassen und zum Körper ziehen, so daß die Schulterblätter sich aufeinander zu bewegen. Die Übung wiederholen.

Zur Rumpfdrehung das Gummiband an einem Türgriff befestigen. Seitlich zur Tür fest auf dem Boden stehen. Das Becken gerade halten, während die Schulter in Richtung Tür gedreht wird, um das Gummiband mit beiden Händen zu fassen *(kleine Abbildung)*. Den Oberkörper mit unbewegtem Becken von der Tür wegdrehen. Dreimal 10 Wiederholungen ausführen, dann Seitenwechsel.

Hals und Nacken

Der beweglichste Teil der Wirbelsäule, die Halswirbelsäule, besteht aus sieben Wirbeln, die eine Drehung des Kopfes um beinahe 180 Grad ermöglichen. Der Hals kann nach vorne und zur Seite gebeugt werden, so daß man das Kinn auf die Brust legen bzw. das Ohr zur Schulter führen kann. Beim Geradeausblicken ist der Hals gestreckt.

Steifheit zählt zu den im Hals-Nacken-Bereich häufigsten Symptomen. Dabei handelt es sich – im Gegensatz zu sonstigen Beschwerden des Oberkörpers – nicht immer um eine Folge von Überanstrengung. So kann beispielsweise eine falsche Schlafposition zu Nackensteifheit führen. Linderung verschafft man sich durch eine Streckung des Halses in die entgegengesetzte Richtung. Zwingt die Nackensteifheit den Kopf in Linksneige, streckt man den Hals behutsam nach rechts.

Durch gezieltes Halsmuskeltraining lassen sich derlei Probleme weitgehend verhüten. Den Kopf nach links drehen, 5 bis 10 Sekunden halten und anschließend nach rechts drehen. Das Kinn auf die Brust fallen lassen und 5 bis 10 Sekunden halten. Das linke Ohr zur linken Schulter neigen und 5 bis 10 Sekunden halten, dann Seitenwechsel. Die auf diesen beiden Seiten gezeigten Übungen dienen ebenfalls der Halsmuskelkräftigung.

Massive Erschütterungen von Kopf oder Hals können zu schwersten Verletzungen und sogar zum Tod führen. Bei Verletzungsverdacht ist der Betroffene möglichst schmerzfrei zu lagern, Bewegung zu vermeiden und sofort ein Arzt zu verständigen.

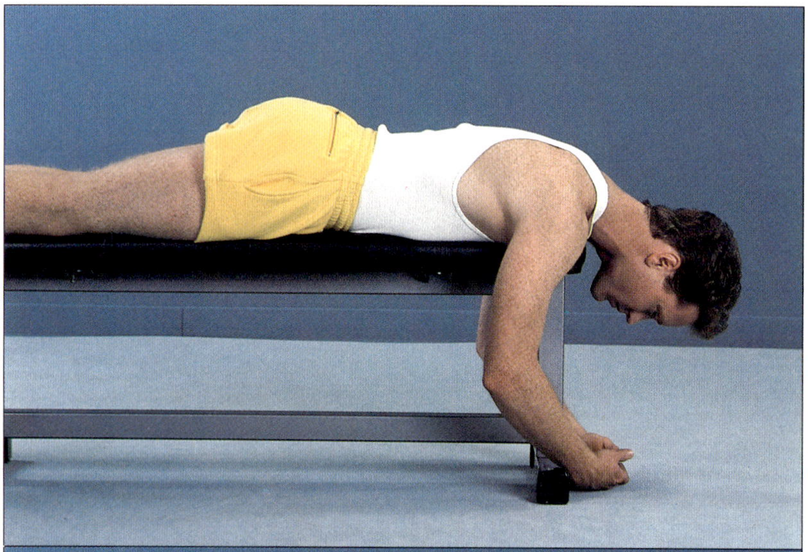

Bäuchlings auf eine Trainingsbank legen. Die Arme hängen lose herab, der Kopf zeigt über die Bank hinaus *(links oben)*. Den Kopf langsam heben *(links)*, dann zurück in die Ausgangsposition führen. Den Kopf jedoch keinesfalls ruckartig hochführen. Zur Stärkung der für die Aufrechthaltung des Kopfes verantwortlichen Halsstrecker dreimal 10 Wiederholungen ausführen.

Die vier gezeigten isometrischen Kräftigungsübungen je zehnmal für die Dauer von 5 Sekunden ausführen. Im Uhrzeigersinn von ganz links: Mit geradem Rücken in einen Stuhl setzen. Eine Hand gegen die Stirn legen und den Kopf gegen die Hand pressen, während diese den Druck erwidert. Dann die Hände hinter dem Kopf verschränken und den Kopf gegen den Widerstand der Hände nach hinten drücken. Anschließend die linke Hand links gegen den Kopf legen und den Kopf nach links drücken, während die Hand den Druck erwidert. Die gleiche Übung auf der rechten Seite wiederholen.

KAPITEL FÜNF

Flüssigkeit

Warum sie lebensnotwendig ist und wie man Flüssigkeitsverluste während sportlicher Aktivitäten am besten ausgleicht

Von allen Nährstoffen, die wir zu uns nehmen, ist Wasser zum Überleben am wichtigsten. Während es möglich ist, wochenlang ohne Nahrung auszukommen, können wir nur wenige Tage überleben, wenn der Wasserhaushalt des Körpers nicht ausgeglichen ist. Normalerweise verliert der Mensch durch die Ausscheidung, die Transpiration und die ausgeatmete Luft durchschnittlich 2 bis 3 l Wasser pro Tag, bei Sportausübung sogar wesentlich mehr.

Wer an einem heißen Tag mäßig bis intensiv trainiert, kann innerhalb von drei bis vier Stunden 2 l und mehr Flüssigkeit verlieren. Wird dieser Wasserverlust nicht durch Flüssigkeitszufuhr ausgeglichen, lassen Schnelligkeit, Ausdauer und Kraft nach. Eine zu geringe Flüssigkeitszufuhr während sportlicher Aktivitäten kann Schwindelgefühl, Übelkeit und Krämpfe hervorrufen. Bei längeren Anstrengungen kann unzureichender Flüssigkeitsersatz eine so schwere Dehydration zur Folge haben, daß der Körper nicht mehr transpiriert, die Körpertemperatur ansteigt und im Extremfall ein – sogar tödlicher – Hitzschlag eintritt.

Neben seiner Bedeutung für die Regulation der Körpertemperatur ist Wasser auch das wichtigste Lösungs- und Transportmittel im Körper. Es löst Nahrungsmittel auf und transportiert im Blutplasma Nährstoffe, Hormone und Sauerstoff von einem Teil des Körpers zu einem anderen.

Das Wasser im menschlichen Körper enthält gelöste Mineralstoffe, die sogenannten Elektrolyte. Dabei handelt es sich um elektrisch geladene Teilchen, die für ein ausgeglichenes Verhältnis zwischen der Flüssigkeit innerhalb und der Flüssigkeit außerhalb der Zellen sorgen. Die wichtigsten Elektrolyte sind Kalium, Natrium, Kalzium, Magnesium und Chlor.

Der hohe Salzgehalt der Durchschnittskost reicht in der Regel aus, die durch Transpiration verlorengegangenen Mineralsalze Natrium und Chlor zu ersetzen. Unzureichend ist dagegen mitunter die Versorgung mit den in den meisten Früchten und Gemüsen vorkommenden Mineralstoffen Kalium und Magnesium sowie mit Kalzium, das in Milchprodukten und einigen Gemüsesorten enthalten ist. Diese drei Elektrolyte sind lebensnotwendig für die Funktion der Muskulatur und des Herzgefäßsystems. Kalzium ist außerdem wichtig für die Knochen sowie für die Muskelkontraktion. Kalium ist an der Umwandlung von Kohlenhydraten in Energie beteiligt. Magnesium ist an der Energiegewinnung beteiligt und für die Funktion der Muskulatur von Bedeutung; darüber hinaus spielt es eine Rolle bei der Weiterleitung von Nervenimpulsen zum und vom Rückenmark. Neuere Untersuchungen deuten darauf hin, daß einige dieser Elektrolyte zur Vorbeugung vor erhöhtem Blutdruck sowie vor Herzrhythmusstörungen notwendig sind; auch können sie unter Umständen vor einem Schlaganfall schützen.

Da Früchte und Gemüse einen hohen Wassergehalt haben und viele Elektrolyte enthalten, sind sie für die Ernährung sportlich aktiver Menschen besonders wichtig. Einige Salatsorten beispielsweise bestehen zu 95 Prozent aus Wasser, rohe Möhren und Orangen zu 85 bis 90 Prozent. Fast alle Rezepte in diesem Kapitel machen reichlich Gebrauch von diesen mineralstoffreichen und zugleich salzarmen Nahrungsmitteln. So enthält der Salat von Birnen und Chicorée auf S. 136 wie auch der Pflaumen-Melonen-Salat auf S. 137 Elektrolyte, weitere Mineralstoffe und natürlich einen hohen Anteil Wasser.

Bei einer obst- und gemüsereichen Kost ist man gewöhnlich gut mit Kalium und Magnesium versorgt. Um nach körperlicher Anstrengung Verluste an diesen Mineralstoffen auszugleichen, sollte man einen ungesüßten Fruchtsaft zu sich nehmen. Wissenschaftliche Versuche mit Ausdauersportlern haben nämlich ergeben, daß Getränke mit geringen Zukkermengen die Leistung bei Langstreckendisziplinen wie dem Marathonlauf steigern können, wohingegen zuckerhaltige Getränke, einschließlich der gängigen Erfrischungsgetränke, bei Leistungsanforderungen von kürzerer Dauer keine nennenswerte positive Wirkung zeigen. Auch Kaffee und Tee sind als Ersatz für Flüssigkeitsverluste nicht zu empfehlen: Beide wirken harntreibend und erhöhen den Wasserverlust somit noch. Zahlreiche Untersuchungen haben gezeigt, daß der Flüssigkeitsverlust während der Ausübung fast aller sportlichen Disziplinen am besten mit reinem Wasser auszugleichen ist.

WENN SIE SPORT TREIBEN

Trinken Sie reines, kaltes Wasser. Untersuchungen zufolge kann der Körper am besten kaltes Wasser von 5° bis 10° C resorbieren.

Trinken Sie kurz vor dem Training mindestens ein Glas (¼ l) Wasser.

Trinken Sie während des Trainings alle 15 bis 20 Minuten ein Glas Wasser.

Trinken Sie mehr Wasser, als Sie zu benötigen meinen. Der Durst ist meistens gelöscht, bevor der Flüssigkeitsverlust ganz ausgeglichen ist.

Trinken Sie nach dem Training gut ¼ bis ½ l Wasser.

Grundsätzliche Richtlinien

Für einen körperlich mäßig aktiven Erwachsenen empfiehlt die Deutsche Gesellschaft für Ernährung e. V. (DGE) eine fettarme, kohlenhydratreiche und mäßig proteinhaltige Kost. Die Richtlinien dieser Institution legen nahe, nicht mehr als 25 bis 30 Prozent des Kalorienbedarfs aus Fetten zu decken, 55 bis 60 Prozent aus Kohlenhydraten und nicht mehr als 10 bis 15 Prozent aus Proteinen. Ein Gramm Fett entspricht neun Kalorien, ein Gramm Protein oder Kohlenhydrat liefert dagegen vier Kalorien; wenn Sie also täglich 2100 Kalorien zu sich nehmen, dann sollten Sie ungefähr 60 g Fett, 315 g Kohlenhydrate und nicht mehr als 45 g Protein am Tag essen. Mit einer fettarmen und kohlenhydratreichen Ernährung können Sie das Risiko, eine Herzkrankheit und andere lebensbedrohende Krankheiten zu bekommen, reduzieren helfen.

◆ Die Nährwerttabelle, die jedem der fettarmen und kohlenhydratreichen Rezepte dieses Buches beigestellt ist, gibt an, wie viele Kalorien eine Portion liefert, wie viele Gramm Fett, Kohlenhydrate und Protein in einer Portion enthalten sind, ebenso wie den Prozentsatz an Kalorien, den jeder dieser Nährstoffe liefert. Außerdem nennt die Tabelle den Kalzium-, Eisen- und Natriumgehalt je Portion.

◆ Kalziummangel kann bei Männern und Frauen zu Wurzelhauterkrankungen – die die Knochen und das Gewebe des Mundes einschließlich des Zahnfleisches befallen – und bei älteren Frauen zu Knochengewebsschwund führen. Er kann auch hohen Blutdruck zur Folge haben. Die empfohlene Kalziumzufuhr beträgt 800 mg am Tag für Männer und Frauen. Schwangere und Stillende sollten täglich 1200 mg zu sich nehmen. Frauen nach der Menopause sollten ihre tägliche Kalziumzufuhr nach Rücksprache mit dem Hausarzt eventuell entsprechend erhöhen.

◆ Will man die Fettzufuhr reduzieren, sollte der Verzehr von fettem Fleisch eingeschränkt werden; dabei ist jedoch darauf zu achten, daß der Körper das notwendige Eisen aus anderen Quellen (beispielsweise Leber) erhält. Die DGE empfiehlt ein Minimum von 12 mg Eisen pro Tag für Männer und 18 mg für Frauen zwischen 11 und 50 Jahren.

◆ Hohe Natriumzufuhr wird mit hohem Blutdruck in Zusammenhang gebracht. Die meisten Erwachsenen sollten ihre Natriumzufuhr auf 2000 mg (ca. 5 g Kochsalz) am Tag beschränken. Eine Möglichkeit, den Natriumverbrauch niedrig zu halten, besteht darin, den Speisen kein Tafelsalz zuzufügen und sehr natriumreiche Lebensmittel zu meiden (Wurst und Käse z. B. sind meist stark gesalzen).

Es ist nicht nötig, sondern mitunter sogar gefährlich, nach sportlicher Betätigung Salztabletten zu sich zu nehmen. Der Durchschnittsmensch nimmt bereits mehr Salz auf als der Körper – selbst während körperlicher Anstrengung bei höheren Außentemperaturen – benötigt. Da der Magen dem übrigen Körper Wasser entzieht, um Salz resorbieren zu können, führt der Konsum solcher Tabletten nach hohem Flüssigkeitsverlust zu einer noch stärkeren Dehydration des Körpers.

Die folgenden Rezepte umfassen Suppen, Salate und Desserts sowie Getränke. Wer diese Speisen und Getränke und daneben noch andere Früchte und Gemüse zu sich nimmt, ist im allgemeinen ausreichend mit Elektrolyten versorgt und benötigt keinerlei Spezialgetränke oder zusätzliche Mineralstoffpräparate. Wichtig ist jedoch bei jeder Art von sportlicher Betätigung – insbesondere bei warmem Wetter – reichlich kaltes Wasser zu trinken *(siehe Kasten gegenüberliegende Seite)*.

Frühstück

FRÜCHTESPIESSE MIT KOKOSSAUCE

Wer zum Frühstück anstelle von Fruchtsaft diese Früchtespieße zu sich nimmt, profitiert von der cholesterinspiegelsenkenden Wirkung der Ballaststoffe und deckt überdies den Tagesbedarf an Vitamin C.

KCAL/KJ je Portion	125/525
73 % Kohlenhydrate	26 g
15 % Protein	5 g
12 % Fett	2 g
KALZIUM	52 mg
EISEN	1 mg
NATRIUM	128 mg

125 g fettarmer Hüttenkäse
2 Eßlöffel fettarmer Vanillejoghurt
2 Eßlöffel gesüßte Kokosraspel
1 Eßlöffel Zucker
300 g Erdbeeren, gewaschen
175 g blaue Weintrauben, gewaschen und entstielt
½ große Ananas, längs halbiert und in 1 cm dicke Dreiecke geschnitten

Hüttenkäse, Joghurt, Kokosraspel und Zucker in der Küchenmaschine oder im Mixer zu einer glatten Sauce verarbeiten. Die Masse in eine kleine Schüssel füllen. Auf acht Bambusspieße abwechselnd Erdbeeren, Weintrauben und Ananasstücke stecken; mit der Kokossauce servieren. Ergibt 4 Portionen

Früchtespieße mit Kokossauce

ROSINEN-BANANEN-SHAKE MIT WEIZENKLEIE

Dieser Shake liefert reichlich Kalium, das im Joghurt, in der Banane und in den Rosinen enthalten ist. Weizenkleie ist eine gute Eisenquelle und enthält außerdem Magnesium, einen Mineralstoff, der neueren Untersuchungen zufolge erhöhtem Blutdruck vorbeugen kann.

KCAL/KJ	380/1595
76 % Kohlenhydrate	78 g
14 % Protein	15 g
10 % Fett	5 g
KALZIUM	446 mg
EISEN	2 mg
NATRIUM	165 mg

250 g fettarmer Joghurt
1 mittelgroße Banane, geschält, gefroren und in große Stücke geschnitten
45 g Rosinen
30 g grobgehackter ungeschälter Apfel der Sorte Golden Delicious
1 Eßlöffel Weizenkleie

Alle Zutaten in der Küchenmaschine oder im Mixer gut vermischen. Den Shake in ein hohes Glas gießen und servieren.

Ergibt 1 Portion

HEISSE SCHOKOLADE MIT BANANE

Entrahmte Milch ist die Grundlage dieser heißen Schokolade, die sich als fettarmes, vollständiges Frühstück anbietet.

KCAL/KJ	240/1010
71 % Kohlenhydrate	45 g
9 % Protein	6 g
20 % Fett	6 g
KALZIUM	171 mg
EISEN	1 mg
NATRIUM	67 mg

15 g Zartbitterschokolade
⅛ l entrahmte Milch
1 Teelöffel reiner Ahornsirup
1 Teelöffel entkoffeiniertes Instantkaffeegranulat
1 Banane, geschält

Die Schokolade mit 2 Eßlöffeln Wasser in einem Topf unter ständigem Rühren bei sehr niedriger Temperatur erhitzen, bis sie geschmolzen ist. 6 Eßlöffel Wasser, Milch, Ahornsirup und Kaffeegranulat hinzufügen. Bei mittlerer Temperatur 5 bis 7 Minuten erhitzen. In der Zwischenzeit die Banane in der Küchenmaschine oder im Mixer pürieren. Nach und nach die heiße Schokolade dazugießen; alles gut vermischen. Das Getränk in einen großen Becher gießen und servieren.

Ergibt 1 Portion

KIWI-LIMETTEN-SHAKE

Dieses Getränk erhält seinen Geschmack durch Kiwis, die vitamin-C-haltiger sind als Zitrusfrüchte; fettarmer Ricotta-Käse verleiht ihm eine dickflüssige Konsistenz. Der Shake ist ein vollwertiges Frühstück nach einem morgendlichen Konditionstraining.

KCAL/KJ je Portion	185/775
67 % Kohlenhydrate	32 g
18 % Protein	9 g
15 % Fett	3 g
KALZIUM	259 mg
EISEN	1 mg
NATRIUM	107 mg

2 Kiwis
1 Banane
1 Teelöffel frischer Limettensaft
½ Teelöffel abgeriebene Schale einer ungespritzten Limette
2 Eiswürfel
¼ l entrahmte Milch
60 g fettarmer Ricotta-Käse

Kiwis und Banane schälen und in große Stücke schneiden. Mit Limettensaft, Limettenschale und Eiswürfeln in der Küchenmaschine oder im Mixer gut vermischen. Milch und Ricotta-Käse hinzufügen und nochmals 5 bis 10 Sekunden vermischen; zwischendurch den Mixvorgang einmal unterbrechen und mit einem Gummispatel die Masse von der Gefäßwand abschaben. Den Shake in zwei hohe Gläser gießen und sofort servieren.

Ergibt 2 Portionen

Eingelegte Gemüse; Shiitake-Miso-Suppe

Mittagessen

EINGELEGTE GEMÜSE

KCAL/KJ je Portion	60/250
84 % Kohlenhydrate	14 g
12 % Protein	2 g
4 % Fett	0,3 g
KALZIUM	87 mg
EISEN	2 mg
NATRIUM	210 mg

Eine Portion dieser Beilage liefert mehr als die empfohlene Tageszufuhr an Vitamin A, das zur Gesunderhaltung der Haut und der Augen wichtig ist. Diese eingelegten Gemüse enthalten weitaus weniger Natrium als die meisten handelsüblichen.

250 g Möhren
250 g Zucchini
250 g Bleichsellerie
Etwa ¼ Teelöffel Salz
⅛ l Kräuter- oder Rotweinessig
1 Eßlöffel Zucker, oder nach Geschmack weniger
1 Teelöffel ganze Pfefferkörner
1 Teelöffel in feine Streifen geschnittene ungespritzte Zitronenschale
3 kleine Knoblauchzehen
10 Stengel Dill

Die Möhren und Zucchini putzen; der Länge nach halbieren und in 5 cm lange Stücke schneiden. Den Bleichsellerie putzen und ebenfalls in 5 cm lange Stücke schneiden. In einem Topf reichlich Wasser zum Kochen bringen; eine Prise Salz hinzufügen. Die Möhren in das Wasser geben und bei mittlerer Temperatur 3 bis 4 Minuten garen. Dann auf hohe Temperatur heraufschalten. Sobald das Wasser den Siedepunkt erreicht, die Zucchini und den Bleichsellerie hineingeben und 1 Minute garen. Die Gemüse in einen Durchschlag schütten und unter fließendem kaltem Wasser gut abkühlen lassen; abtropfen lassen. Die abgetropften Gemüse in eine Schüssel oder in ein Weckglas füllen. Essig, Zucker, Pfefferkörner, Zitronenschale, Knoblauch, Dill und ¼ Teelöffel Salz dazugeben und alles vermischen. Die Schüssel abdecken und die Mischung über Nacht im Kühlschrank stehenlassen; von Zeit zu Zeit umrühren. Die Gemüse gut gekühlt oder bei Raumtemperatur servieren. In einem geschlossenen Behälter im Kühlschrank aufbewahrt halten sie sich 3 bis 4 Tage.

Ergibt 4 Portionen

SHIITAKE-MISO-SUPPE

Fertige Miso-Suppen-Mischungen sind zwar bequem in der Zubereitung, enthalten aber häufig sehr viel Natrium in Form des Geschmacksverstärkers Glutamat (Natriumglutamat). Hier werden salzarme Hühnerbrühe und helle Miso verwendet, um den Natriumgehalt gering zu halten.

KCAL/KJ je Portion	50/210
51 % Kohlenhydrate	7 g
23 % Protein	3 g
26 % Fett	1 g
KALZIUM	34 mg
EISEN	1 mg
NATRIUM	191 mg

¼ l salzarme Hühnerbrühe (Rezept S. 134)
125 g frische Shiitakepilze, geputzt und in Scheiben geschnitten
60 g Tofu, in Würfel geschnitten
2 Eßlöffel helle Miso
3 Scheiben frische Ingwerwurzel
¼ Teelöffel Sesamöl
30 g Frühlingszwiebeln, grobgehackt
1 Eßlöffel gehackter frischer Koriander

Die Brühe und ¾ l Wasser in einem Topf bei mittlerer Hitze zum Kochen bringen. Pilze, Tofu, Miso, Ingwer und Sesamöl einrühren und auf schwache Hitze herunterschalten. 10 Minuten simmern lassen; dann von der Kochstelle nehmen und Frühlingszwiebeln sowie Koriander einrühren. Die Suppe auf vier Schalen verteilen und sofort servieren.

Ergibt 4 Portionen

Anmerkung: Sind keine frischen Shiitakepilze erhältlich, statt dessen junge Champignons verwenden. Miso ist eine aus fermentierten Sojabohnen gewonnene Paste, die in der japanischen Küche zum Würzen und als Suppengrundlage verwendet wird. Die mit Reis hergestellte helle *shiromiso* ist milder und weniger salzig als die mit Gerste hergestellte rötlich-braune *akamiso*.

MÖHREN-PORREE-SUPPE

Gemüsesuppen – wie auch Gemüse selbst – sind gute Wasserlieferanten. Möhren bestehen zu 90 Prozent aus Wasser; außerdem enthalten sie Vitamin A in Form von Beta-Karotin.

250 g Porree
2 Knoblauchzehen, zerdrückt
15 g Butter oder Margarine
500 g Möhren, geputzt und in 5 cm lange Stücke geschnitten
250 g Kartoffeln, geschält und in Viertel geschnitten
½ l salzarme Hühnerbrühe (Rezept S. 134)
4 Eßlöffel gehackter frischer Dill
¼ Teelöffel frisch gemahlener schwarzer Pfeffer

KCAL/KJ je Portion	150/630
70 % Kohlenhydrate	27 g
8 % Protein	3 g
22 % Fett	4 g
KALZIUM	72 mg
EISEN	2 mg
NATRIUM	80 mg

Den Porree putzen, der Länge nach spalten und unter fließendem kaltem Wasser gründlich waschen. In 5 cm lange Stücke schneiden; dann mit dem Knoblauch und der Butter in einem Topf zugedeckt bei schwacher Hitze 5 Minuten garen. Möhren, Kartoffeln, Brühe, Dill, Pfeffer und ¼ l Wasser hinzufügen. Auf mittelstarke Hitze heraufschalten und die Mischung zum Kochen bringen. Dann die Suppe bei schwacher Hitze 15 bis 20 Minuten zugedeckt simmern lassen, bis die Kartoffeln weich sind. Von der Kochstelle nehmen und im offenen Topf 20 Minuten abkühlen lassen. Die abgekühlte Suppe in der Küchenmaschine oder im Mixer glattpürieren; danach im Topf bei mittlerer Temperatur 5 bis 10 Minuten wieder erhitzen. Die Suppe auf vier Schalen verteilen und servieren.

Ergibt 4 Portionen

GURKENCREMESUPPE

KCAL/KJ je Portion	100/420
65 % Kohlenhydrate	17 g
23 % Protein	6 g
12 % Fett	1 g
KALZIUM	207 mg
EISEN	1 mg
NATRIUM	251 mg

Buttermilch, die bei der Verbutterung von Milch anfällt, ist eine gesäuerte Magermilch mit nur 1 g Fett pro ¼ l. Fettarme Nahrungsmittel werden im allgemeinen rasch verdaut, so daß man schon bald nach dem Verzehr Sport treiben kann, ohne durch einen vollen Magen beeinträchtigt zu sein.

500 g Salatgurken
1 Zwiebel
2 Scheiben frische Ingwerwurzel
⅛ l Gemüsebrühe (Rezept S. 134)
¼ l Buttermilch
2 Eßlöffel gehackter frischer Dill
¼ Teelöffel frisch gemahlener schwarzer Pfeffer
1 Prise Salz

Die Gurken schälen, der Länge nach halbieren und die Samen mit einem Teelöffel herausheben. Die Gurkenhälften quer in 3 mm dicke Scheiben schneiden. Die Zwiebel abziehen und in schmale Spalten schneiden. Gurken, Zwiebel, Ingwer, Brühe und ⅛ l Wasser in einen Topf geben; bei mittlerer Hitze zum Kochen bringen. Dann auf schwache Hitze herunterschalten und die Mischung zugedeckt 30 Minuten simmern lassen. Buttermilch, Dill, Pfeffer und Salz unterrühren. Die Mischung in der Küchenmaschine oder im Mixer pürieren. Die Suppe heiß servieren oder auf Raumtemperatur abkühlen lassen, für etwa 4 Stunden in den Kühlschrank stellen und kalt servieren. Ergibt 2 Portionen

PAPRIKA-PASTINAKEN-SUPPE

KCAL/KJ je Portion	75/315
81 % Kohlenhydrate	16 g
8 % Protein	2 g
11 % Fett	1 g
KALZIUM	34 mg
EISEN	1 mg
NATRIUM	12 mg

Pastinaken sind eine gute Quelle für Kalium, einen Mineralstoff, der für das einwandfreie Funktionieren der Muskulatur – einschließlich der des Herzens – notwendig ist.

2 gelbe Paprikaschoten, entkernt und in Stücke geschnitten
2 mittelgroße Pastinaken, in Stücke geschnitten
1 Zwiebel, in Scheiben geschnitten
2 Knoblauchzehen, zerdrückt
½ l salzarme Hühnerbrühe (Rezept S. 134)
1 Eßlöffel gehackter frischer Schnittlauch plus Schnittlauch zum Garnieren (nach Belieben)
¼ Teelöffel frisch gemahlener schwarzer Pfeffer

Paprika, Pastinaken, Zwiebel, Knoblauch, Brühe, Schnittlauch, Pfeffer und ¼ l Wasser in einen Topf geben; bei mittelstarker Hitze zum Kochen bringen. Auf schwache Hitze herunterschalten und die Gemüse zugedeckt 25 bis 30 Minuten simmern lassen. Von der Kochstelle nehmen und die Mischung 30 Minuten im offenen Topf abkühlen lassen. Dann in der Küchenmaschine oder im Mixer pürieren. Die Suppe, falls sie heiß serviert wird, bei mittlerer Temperatur wieder erhitzen; oder aber auf Raumtemperatur abkühlen lassen, zugedeckt für 3 bis 4 Stunden in den Kühlschrank stellen und gut gekühlt servieren. Auf vier Schalen verteilen und – nach Belieben mit Schnittlauch bestreut – servieren.

Ergibt 4 Portionen

GAZPACHO MIT KRÄUTERN

Gazpacho wird traditionell mit Öl und Brotkrumen angedickt. Diese Version ist jedoch kalorienärmer und erfrischender. Tomaten, die Hauptzutat dieses Gerichts, enthalten sowohl Vitamin C als auch Eisen; Vitamin C fördert die Eisenresorption des Körpers.

KCAL/KJ je Portion	60/250
76 % Kohlenhydrate	13 g
16 % Protein	3 g
8 % Fett	1 g
KALZIUM	99 mg
EISEN	2 mg
NATRIUM	380 mg

850 g Eiertomaten aus der Dose, mit ihrem Saft
250 g ungeschälte Salatgurke, feingehackt
45 g Frühlingszwiebeln, feingehackt
45 g Bleichsellerie, in kleine Würfel geschnitten
4 Eßlöffel gehacktes frisches Basilikum
2 Eßlöffel Kräuter- oder Rotweinessig
1 kleine Knoblauchzehe, feingehackt
½ Teelöffel frisch gemahlener schwarzer Pfeffer
1 Prise Salz

Die Tomaten und ihren Saft mit den übrigen Zutaten in einer großen Schüssel vermischen; gründlich rühren und dabei die Tomaten zerkleinern. Die Schüssel abdecken und für etwa 4 Stunden in den Kühlschrank stellen, bis der Gazpacho gut gekühlt ist. Die Suppe vor dem Servieren nochmals durchrühren und nach Belieben mit Eiswürfeln servieren.

Ergibt 4 Portionen

Gazpacho mit Kräutern

KCAL/KJ je ¼ l	25/105
87 % Kohlenhydrate	6 g
10 % Protein	1 g
3 % Fett	0,1 g
KALZIUM	27 mg
EISEN	1 mg
NATRIUM	169 mg

GEMÜSEBRÜHE

Hausgemachte Brühe ist eine der Grundzutaten in der gesunden Küche und leicht herzustellen. Es empfiehlt sich, diese fast fettfreie Brühe in ¼-l-Portionen einzufrieren. Mit frischen Gemüsen der Saison und einigen anderen frischen Zutaten lassen sich daraus nahrhafte Suppen zubereiten.

500 g Weißkohl
250 g Porree
125 g Pastinaken
1 große Möhre
1 Stange Bleichsellerie
1 Knoblauchzehe, nicht abgezogen
6 Stengel Petersilie
½ Teelöffel Salz
½ Teelöffel ganze Pfefferkörner

Aus dem Kohl den Strunk herausschneiden und die Kohlblätter grobhacken. Den Porree putzen, der Länge nach spalten und unter fließendem kaltem Wasser gründlich waschen; dann ebenfalls grobhacken. Pastinaken, Möhre und Bleichsellerie waschen, putzen und halbieren. Die Gemüse zusammen mit Knoblauch, Petersilie, Salz, Pfefferkörnern und 2 l Wasser in einen großen Topf geben; bei mittelstarker Hitze zum Kochen bringen. Die Temperatur auf mittelschwache Hitze herunterschalten und die Brühe zugedeckt 1 Stunde simmern lassen. Dann die Brühe im offenen Topf weitere 45 Minuten simmern lassen.

Die Brühe durch ein Sieb in eine große Schüssel gießen; dann in geeignete Vorrats- oder Gefrierbehälter füllen und in den Kühlschrank oder in das Gefriergerät stellen. Im Kühlschrank hält sie sich bis zu 1 Woche; man sollte sie jedoch nach 2 bis 3 Tagen 5 Minuten aufkochen, wieder abkühlen lassen und in den Kühlschrank stellen. Tiefgekühlt hält sich die Brühe 1 Monat. Ergibt 1¾ l

KCAL/KJ je ¼ l	40/170
63 % Kohlenhydrate	6 g
7 % Protein	1 g
30 % Fett	1 g
KALZIUM	9 mg
EISEN	in Spuren
NATRIUM	9 mg

SALZARME HÜHNERBRÜHE

Selbstgemachte Hühnerbrühe kann man kochsalzarm herstellen, während Brühwürfel pro ¼ l bis zu 850 mg Natrium enthalten.

500 g Hühnerklein und -knochen (z. B. Hälse und Rückenknochen)
2 große Möhren, halbiert
1 Zwiebel, nicht abgezogen
1 Stange Bleichsellerie, halbiert
1 Knoblauchzehe, nicht abgezogen
1 Lorbeerblatt
4 ganze Pfefferkörner

Hühnerklein und -knochen mit 1½ l Wasser in einen schweren Suppentopf geben. Das Wasser bei mittelstarker Hitze zum Kochen bringen. Sobald es den Siedepunkt erreicht, den Schaum mit einem Schaumlöffel abschöpfen. Weiterkochen lassen und noch 5 Minuten lang abschäumen, bis der größte Teil der Trübstoffe aufgestiegen und entfernt ist. Dann Möhren, Zwiebel, Bleichsellerie, Knoblauch, Lorbeer und Pfefferkörner hinzufügen. Auf mittelschwache Hitze herunterschalten und die Brühe zugedeckt 2 Stunden simmern lassen; von der Kochstelle nehmen und im offenen Topf etwa 30 Minuten abkühlen lassen.

Die Brühe durch ein Sieb in eine große Schüssel gießen; die Rückstände im Sieb wegwerfen. Die Schüssel abgedeckt in den Kühlschrank stellen. Wenn die Brühe kalt ist, die Fettschicht an der Oberfläche entfernen. Die Brühe in geeignete Vorrats- bzw. Gefrierbehälter füllen und in den Kühlschrank stellen oder einfrieren. Im Kühlschrank hält sie sich 1 Woche; man sollte sie jedoch nach 2 bis 3 Tagen 5 Minuten aufkochen, wieder abkühlen lassen und in den Kühlschrank zurückstellen. Tiefgekühlt hält sie sich 1 Monat. Ergibt etwa 1½ l

SCHNELLE HÜHNERSUPPE MIT NUDELN

Dampfend heiße Hühnersuppe ist ein altes Hausmittel gegen Erkältungen und Grippe. Sie kann Halsentzündungen lindern, und der Dampf hilft bei dumpfem Kopf und Verkrampfungen im Brustraum.

KCAL/KJ je Portion	195/820
73 % Kohlenhydrate	36 g
14 % Protein	7 g
13 % Fett	3 g
KALZIUM	40 mg
EISEN	2 mg
NATRIUM	25 mg

1 l salzarme Hühnerbrühe (Rezept S. 134)
125 g Möhren, in feine Streifen geschnitten
125 g feine Eiernudeln
125 g frische oder tiefgekühlte Erbsen
2 Eßlöffel gehackte frische Petersilie
½ Teelöffel frisch gemahlener schwarzer Pfeffer

Die Brühe bei mittelstarker Hitze zum Kochen bringen. Die Möhren hinzufügen und 2 bis 3 Minuten garen; dann die Nudeln dazugeben. Die Suppe 3 Minuten simmern lassen. Erbsen, Petersilie und Pfeffer einrühren, zum Kochen bringen, 1 Minute kochen lassen und sofort servieren. Ergibt 4 Portionen

SÜSSE ERBSENSUPPE

Die Erbsen in dieser Suppe sind eine gute Quelle für Molybdän, ein Spurenelement, das für den Stoffwechsel des Körpers benötigt wird.

2 Teelöffel Butter oder Margarine
125 g Schalotten, in dünne Scheiben geschnitten
1 Teelöffel Zucker
300 g frische Erbsen
⅛ l salzarme Hühnerbrühe oder Gemüsebrühe (Rezept S. 134)

Die Butter in einem Topf bei mittlerer Hitze zerlassen. Die Schalotten dazugeben und 30 Sekunden sautieren. Den Zucker hinzufügen und 1 bis 2 Minuten rühren, bis er zu karamelisieren beginnt. Erbsen, Brühe und ½ l Wasser in den Topf geben; zugedeckt 25 Minuten simmern lassen. Von der Kochstelle nehmen und 20 Minuten bei schwacher Hitze abkühlen lassen, dann in der Küchenmaschine oder im Mixer pürieren. Die Suppe im Topf bei mittlerer Temperatur kurz wieder erhitzen und sofort servieren. Ergibt 4 Portionen

KCAL/KJ je Portion	110/460
63 % Kohlenhydrate	18 g
18 % Protein	5 g
19 % Fett	2 g
KALZIUM	32 mg
EISEN	2 mg
NATRIUM	28 mg

GRÜNKOHLSUPPE MIT CHAMPIGNONS

Grünkohl ist ein guter Lieferant von Kalzium, das vor allem für das Wachstum und den Erhalt der Knochen und Zähne wichtig ist.

2 Knoblauchzehen, in dünne Scheiben geschnitten
2 Teelöffel Butter oder Margarine
350 g frischer Grünkohl, gewaschen und in ½ cm breite Streifen geschnitten
175 g junge Champignons, in Scheiben geschnitten
1 l Gemüsebrühe (Rezept S. 134)
¼ Teelöffel frisch gemahlener schwarzer Pfeffer
1 Prise Salz

Den Knoblauch in einem Topf bei schwacher Hitze 2 bis 3 Minuten in der Butter sautieren. Grünkohl, Champignons, Brühe, Pfeffer und Salz hinzufügen; zum Kochen bringen. Dann auf schwache Hitze herunterschalten und die Gemüse zugedeckt 10 bis 15 Minuten simmern lassen, bis sie weich sind.

Ergibt 4 Portionen

KCAL/KJ je Portion	95/400
61 % Kohlenhydrate	16 g
16 % Protein	4 g
23 % Fett	3 g
KALZIUM	148 mg
EISEN	3 mg
NATRIUM	259 mg

SALAT VON BIRNEN UND CHICOREE

Für diesen Salat von Früchten und Gemüse wird ein kalorien- und fettarmes Dressing aus Quark und Gorgonzola verwendet.

1 sehr reife, kleine Birne (etwa 90 g) und 4 große Williams-Christ-Birnen (je etwa 175 g)
3 Eßlöffel frischer Zitronensaft
3 Eßlöffel Apfelsaft
1 Eßlöffel gehackte frische Petersilie
1 Teelöffel Zucker
1 Eßlöffel Quark (Magerstufe)
175 g Chicoree, in einzelne Blätter zerteilt
30 g Gorgonzola-Käse

KCAL/KJ je Portion	155/650
75 % Kohlenhydrate	32 g
7 % Protein	3 g
18 % Fett	3 g
KALZIUM	68 mg
EISEN	1 mg
NATRIUM	107 mg

Für das Dressing die kleine Birne schälen, entkernen und in große Stücke schneiden. Die Birnenstücke in einer Schüssel mit einer Gabel zu einer glatten Paste zerdrücken und 2 Eßlöffel Zitronensaft, den Apfelsaft sowie Petersilie, Zucker und Quark unterrühren. Das Dressing beiseite stellen. Die übrigen Birnen halbieren; Stiele und Kerngehäuse, nicht aber die Schale entfernen. Die Birnenhälften der Länge nach in ½ cm dicke Scheiben schneiden und in einer Schüssel mit dem restlichen Zitronensaft vermischen. Eine Servierplatte mit den Chicoreeblättern bedecken und die Birnenscheiben darauf anrichten. Die Birnen mit dem zerkrümelten Gorgonzola bestreuen und mit dem Dressing beträufeln.

Ergibt 4 Portionen

TOMATEN-REIS-SUPPE MIT BASILIKUM

Der für diese Suppe verwendete Naturreis enthält wesentlich mehr Kalium, Magnesium und Ballaststoffe als polierter weißer Reis.

1 kg frische, reife Tomaten oder Dosentomaten, abgetropft
250 g gegarter Naturreis (90 g Trockengewicht)
125 g Bleichsellerie, gehackt
90 g Zwiebeln, gehackt
4 Eßlöffel gehacktes frisches Basilikum
3 Eßlöffel Tomatenmark
2 Knoblauchzehen, gehackt
1 Eßlöffel Zucker
1 Prise Salz
¼ Teelöffel frisch gemahlener schwarzer Pfeffer
1 Lorbeerblatt

KCAL/KJ je Portion	85/355
86 % Kohlenhydrate	19 g
9 % Protein	2 g
5 % Fett	0,4 g
KALZIUM	39 mg
EISEN	1 mg
NATRIUM	105 mg

Bei Verwendung frischer Tomaten den Stielansatz entfernen und die Tomaten in Viertel schneiden. Die Tomatenviertel zusammen mit einem Drittel vom Reis, dem Bleichsellerie, den Zwiebeln sowie Basilikum, Tomatenmark, Knoblauch, Zucker, Salz, Pfeffer, Lorbeer und 1 l Wasser in einen säurebeständigen Topf geben; bei mittlerer Hitze zum Kochen bringen. Dann auf schwache Hitze reduzieren und die Suppe zugedeckt 30 Minuten simmern lassen; von Zeit zu Zeit umrühren und die Tomaten mit der Löffelkante zerkleinern.

Den Topf von der Kochstelle nehmen, den Deckel abnehmen und die Suppe etwa 30 Minuten abkühlen lassen; das Lorbeerblatt entfernen. Die abgekühlte Suppe in der Küchenmaschine oder im Mixer pürieren. Dann in den Topf zurückgießen und den restlichen Reis einrühren. Die Suppe bei mittlerer Temperatur wieder erhitzen, auf sechs Schalen verteilen und servieren. Ergibt 6 Portionen

Pflaumen-Melonen-Salat

Desserts

PFLAUMEN-MELONEN-SALAT

Ein Fruchtsalat ist eine gute Möglichkeit, die Flüssigkeitszufuhr zu erhöhen und zugleich Ballaststoffe aufzunehmen. Die hier verwendeten Früchte liefern viel Vitamin A und C.

KCAL/KJ je Portion	75/315
86 % Kohlenhydrate	18 g
7 % Protein	1 g
7 % Fett	0,5 g
KALZIUM	19 mg
EISEN	in Spuren
NATRIUM	11 mg

1 Kantalup-Melone (1 kg)
250 g Pflaumen
½ ungespritzte Limette
1 Teelöffel reiner Ahornsirup

Die Melone halbieren und entkernen; jede Hälfte in drei Spalten schneiden. Die Schale entfernen und das Fruchtfleisch in 2½ cm große Stücke schneiden. Die Pflaumen halbieren und entsteinen; die Hälften in ½ cm dicke Spalten schneiden. Die Limettenhälfte ebenfalls in ½ cm dicke Spalten schneiden. Früchte und Ahornsirup in einer Schüssel gut vermischen; abdecken und über Nacht in den Kühlschrank stellen, damit sich die Aromen verbinden können. Gut gekühlt oder bei Raumtemperatur servieren.

Ergibt 4 Portionen

SCHOKOLADEN-BANANEN-CREME

Dieses Dessert enthält weder Eier noch Sahne und ist daher eine fettarme, gesunde Alternative zu Eiscreme oder Pudding.

KCAL/KJ je Portion	150/630
71 % Kohlenhydrate	28 g
13 % Protein	5 g
16 % Fett	3 g
KALZIUM	160 mg
EISEN	in Spuren
NATRIUM	60 mg

15 g Zartbitterschokolade
2 Eßlöffel Zucker
2 Bananen, geschält
350 g fettarmer Joghurt

Die Schokolade mit dem Zucker und 1 Eßlöffel Wasser in einem Topf bei sehr niedriger Temperatur unter Rühren erhitzen, bis sie geschmolzen ist; dann von der Kochstelle nehmen. Die Bananen in der Küchenmaschine oder im Mixer pürieren. Joghurt und Schokoladenmischung hinzufügen und 5 bis 10 Sekunden vermischen; zwischendurch den Mixvorgang einmal unterbrechen und die Masse mit einem Gummispatel von der Gefäßwand schaben. Die Creme auf vier Dessertschälchen verteilen und für 2 bis 3 Stunden in den Kühlschrank stellen.

Ergibt 4 Portionen

WASSERMELONEN-HEIDELBEER-EIS

Wassermelonen bestehen zu 93 Prozent aus Wasser; Heidelbeeren enthalten durchschnittlich 83 Prozent Wasser.

KCAL/KJ je Portion	115/485
87 % Kohlenhydrate	27 g
5 % Protein	2 g
8 % Fett	1 g
KALZIUM	20 mg
EISEN	1 mg
NATRIUM	10 mg

1 kg Wassermelone (mit Schale gewogen)
450 g frische Heidelbeeren
1 Eßlöffel frischer Limettensaft

Das Fruchtfleisch der Melone mit einem Löffel herausheben und in eine Schüssel geben; die Kerne entfernen. Dann das Fruchtfleisch in der Küchenmaschine oder im Mixer pürieren, bis es von flüssiger Konsistenz ist; es sollte etwa ½ l Püree ergeben. In ein flaches Gefäß gießen. Die Heidelbeeren pürieren und mit dem Limettensaft in das Püree rühren. Die Mischung für 2 bis 3 Stunden in das Gefrierfach bzw. Gefriergerät stellen, bis sie teilweise gefroren ist.

Das halbgefrorene Püree in eine Schüssel geben und mit dem Schneebesen die Eiskristalle zerkleinern; wieder in das flache Gefäß füllen und für weitere 3 bis 4 Stunden gefrieren, bis es ganz fest ist. Vor dem Servieren das Eis bei Raumtemperatur 15 bis 30 Minuten antauen lassen, bis es etwas weicher ist.

Ergibt 4 Portionen

ANANASCREME

Frische Ananas ist eine ausgezeichnete Vitamin-C-Quelle.

KCAL/KJ je Portion	110/460
84 % Kohlenhydrate	25 g
7 % Protein	2 g
9 % Fett	1 g
KALZIUM	64 mg
EISEN	1 mg
NATRIUM	22 mg

1 Ananas (etwa 1 kg)
125 g fettarmer Joghurt
1 Teelöffel Honig
1 Teelöffel reiner Vanille-Extrakt

Den blättertragenden oberen Teil der Ananas abschneiden. Dann die Ananas längs in Viertel schneiden und das Fleisch von der Schale lösen. Für die Creme 75 g Fruchtfleisch grobhacken und mit Joghurt, Honig und Vanille-Extrakt im Mixer pürieren; beiseite stellen. Das restliche Ananasfleisch quer in ½ cm dicke Dreiecke schneiden und in eine Schüssel geben. Die Ananascreme hinzufügen und alles gut vermischen. Abdecken und für mindestens 4 Stunden in den Kühlschrank stellen, damit sich die Aromen verbinden; von Zeit zu Zeit umrühren. Gut gekühlt oder bei Raumtemperatur servieren.

Ergibt 4 Portionen

ANANAS-ORANGEN-LOLLIES

Diese gefrorenen Fruchtlutscher enthalten so gut wie kein Fett und keinen zusätzlichen Zucker. Ananas ist von Natur aus so süß, daß selbst Naschkatzen auf ihre Kosten kommen.

1 Dose (300 g) Ananasstücke im eigenen Saft
Saft von 2 Orangen (etwa 15 cl)

KCAL/KJ je Portion	50/210
95 % Kohlenhydrate	12 g
3 % Protein	1 g
2 % Fett	0,1 g
KALZIUM	12 mg
EISEN	2 mg
NATRIUM	1 mg

Die Ananas mit ihrem Saft und dem Orangensaft in einer Schüssel verrühren. Auf fünf Eisförmchen oder kleine Pappbecher verteilen und für etwa 1 Stunde in das Gefrierfach stellen, bis sie teilweise gefroren ist. In die Mitte jeder Portion einen Eisstiel stecken; über Nacht gefrieren lassen. Um die Lutscher aus der Form zu lösen, die Förmchen für etwa 5 Sekunden in heißes Wasser tauchen bzw. die Pappbecher am Rand einreißen. Ergibt 5 Portionen

ERDBEER-BUTTERMILCH-MOUSSE

Buttermilch ist eine gute Grundlage für Desserts: Sie ist etwas weniger sauer als Joghurt und weitaus gesünder als Sahne.

3 Eßlöffel frischer Zitronensaft
7 g geschmacksneutrale Gelatine
300 g Erdbeeren
2 Bananen, geschält
¼ l Buttermilch
1 Eßlöffel Honig

KCAL/KJ je Portion	90/380
79 % Kohlenhydrate	21 g
14 % Protein	4 g
7 % Fett	1 g
KALZIUM	66 mg
EISEN	in Spuren
NATRIUM	22 mg

Den Zitronensaft in einem säurebeständigen Topf bei niedriger Temperatur 2 Minuten erhitzen. Die Gelatine hineinstreuen und unter Rühren auflösen; dann von der Kochstelle nehmen. Die Erdbeeren waschen und entstielen. Die Bananen und die Hälfte der Erdbeeren in der Küchenmaschine oder im Mixer pürieren. Gelatinemischung, Buttermilch und Honig hinzufügen und 5 bis 10 Sekunden vermischen; zwischendurch den Mixvorgang einmal unterbrechen und die Masse mit einem Gummispatel von der Gefäßwand schaben. Die restlichen Erdbeeren grobhacken und unter die Mischung ziehen. Die Mousse in eine 1 l fassende Form oder sechs Dessertschälchen füllen, locker abdecken und über Nacht in den Kühlschrank stellen. Ergibt 6 Portionen

ÄPFEL MIT BUTTERMILCHSAUCE

Ungeschälte Äpfel sind reich an Pektin, einer Ballaststoffart, die zur Senkung des Blutcholesterinspiegels beitragen kann.

Je 2 Äpfel der Sorten Granny Smith, Red Delicious und Golden Delicious (insgesamt etwa 850 g)
1 Eßlöffel frischer Zitronensaft
¼ l Buttermilch
125 g Sultaninen
2 Eßlöffel brauner Rohrzucker
½ Teelöffel abgeriebene Schale einer ungespritzten Zitrone
1 Messerspitze gemahlener Zimt

KCAL/KJ je Portion	155/650
90 % Kohlenhydrate	38 g
5 % Protein	2 g
5 % Fett	1 g
KALZIUM	69 mg
EISEN	1 mg
NATRIUM	47 mg

Die Äpfel entkernen, aber nicht schälen, und in 4 cm große Stücke schneiden; in einer Schüssel mit dem Zitronensaft vermischen. Für die Sauce Buttermilch, Sultaninen, Zucker und Zitronenschale in eine Schüssel geben und verrühren, bis sich der Zucker aufgelöst hat. Die Äpfel auf sechs Teller verteilen. Mit Sauce überziehen und mit Zimt bestäuben. Ergibt 6 Portionen

Getränke

GEEISTER MELONEN-TRAUBEN-TRUNK

Es empfiehlt sich, Fruchtgetränke selbst herzustellen, da die handelsüblichen Fruchtgetränke sehr viel Zucker enthalten.

750 g kernlose blaue Weintrauben, gewaschen und entstielt
1 kg Wassermelone
12 frische Minzeblätter und 4 Stengel Minze zum Garnieren
Zerstoßenes Eis (siehe Anmerkung)

Die Trauben in der Küchenmaschine oder im Mixer pürieren. Das Püree in ein Sieb über einer Schüssel gießen und mit einem Gummispatel soviel Saft wie möglich herauspressen; es sollte etwa ½ l ergeben. Die Rückstände im Sieb wegwerfen. Das Melonenfleisch mit einem Löffel herausheben und in eine Schüssel geben; die Kerne entfernen. Das Melonenfleisch in der Küchenmaschine oder im Mixer pürieren, bis es von flüssiger Konsistenz ist; es sollte etwa ½ l Püree ergeben. Melonenpüree und Minzeblätter in den Traubensaft rühren, abdecken und für 2 bis 3 Stunden in den Kühlschrank stellen, damit sich die Aromen verbinden; dann die Minzeblätter entfernen. Vor dem Servieren in vier Gläser jeweils eine Tasse zerstoßenes Eis füllen und ¼ l des Melonen-Trauben-Saftes daraufgießen. Mit den Minzestengeln garnieren. Ergibt 4 Portionen

KCAL/KJ je Portion	165/695
88 % Kohlenhydrate	40 g
4 % Protein	2 g
8 % Fett	2 g
KALZIUM	30 mg
EISEN	1 mg
NATRIUM	6 mg

Anmerkung: Zum Zerstoßen von Eis mehrere Eiswürfel zwischen zwei Lagen extra starker Plastikfolie legen und mit einem Holzhammer oder einem Fleischklopfer in etwa 1 cm große Stückchen zerkleinern, dann die Eisstückchen in der Küchenmaschine oder im Mixer 15 bis 30 Sekunden fein zerkleinern.

Geeister Melonen-Trauben-Trunk

ZITRUSLIMONADE

Wer seinen Durst mit diesem Erfrischungsgetränk löscht, nimmt fast 200 mg Vitamin C zu sich – fast das Siebenfache des täglichen Bedarfs.

2 große rosafleischige Grapefruits (insgesamt etwa 1,5 kg)
4 Saftorangen (insgesamt etwa 1,1 kg)
1 Zitrone
1 Limette
1 Eßlöffel feingehacktes frisches Basilikum

Alle Zitrusfrüchte halbieren und auspressen. Den Saft durch ein Sieb in eine Schüssel gießen; die Rückstände im Sieb wegwerfen. Das gehackte Basilikum einrühren. Die Zitruslimonade in hohen Gläsern mit Eis servieren.

Ergibt 2 Portionen

KCAL/KJ je Portion	185/775
92 % Kohlenhydrate	45 g
5 % Protein	3 g
3 % Fett	1 g
KALZIUM	56 mg
EISEN	1 mg
NATRIUM	5 mg

HEISSES BIRNEN-APFEL-GETRÄNK MIT INGWER

Eine Thermosflasche mit diesem Getränk ist ideal zum Aufwärmen, wenn man in der kühlen Jahreszeit im Freien trainiert.

4 Williams-Christ-Birnen (insgesamt etwa 750 g)
1 l ungesüßter Apfelsaft
30 g frische Ingwerwurzel, in Scheiben geschnitten, und einige Ingwerscheiben zum Garnieren (nach Belieben)

Die Birnen schälen, entkernen und die Stiele entfernen. Das Fruchtfleisch in 2½ cm große Stücke schneiden. Birnenstücke, Apfelsaft und Ingwer in einen säurebeständigen Topf geben und die Flüssigkeit bei mittlerer Hitze zum Kochen bringen. Auf schwache Hitze herunterschalten und die Mischung zugedeckt 5 bis 10 Minuten simmern lassen, bis die Birnen weich sind. Den Ingwer entfernen. Die Mischung etwas abkühlen lassen; dann in der Küchenmaschine oder im Mixer pürieren. Das Getränk nötigenfalls bei niedriger Temperatur kurz wieder erhitzen und nach Wunsch mit frischen Ingwerscheiben garnieren. Es kann im Kühlschrank aufbewahrt und später wieder erhitzt werden; in einem verschlossenen Gefäß hält es sich im Kühlschrank etwa 2 Tage.

Ergibt 4 Portionen

KCAL/KJ je Portion	210/880
95 % Kohlenhydrate	53 g
1 % Protein	1 g
4 % Fett	1 g
KALZIUM	35 mg
EISEN	1 mg
NATRIUM	8 mg

APFEL-GRAPEFRUIT-TEE

Koffein, das sich in Kaffee, schwarzem Tee und einigen Erfrischungsgetränken findet, ist einer der Faktoren, die zur Entstehung von Osteoporose beitragen können. Dieser Tee ist koffeinfrei.

1 Teebeutel Früchtetee mit Apfelaroma
1 große rosafleischige Grapefruit (etwa 750 g)
1 Teelöffel Honig

In einem Topf ¼ l Wasser zum Kochen bringen. Den Teebeutel in einer Teekanne mit dem kochenden Wasser übergießen und etwa 10 Minuten ziehen lassen. Unterdessen die Grapefruit halbieren und ¼ l Saft auspressen. Den Saft durch ein Sieb in den Topf gießen und den Honig hineinrühren; bei schwacher Hitze zum Simmern bringen. Den Teebeutel aus der Kanne nehmen, den Grapefruitsaft zum Tee gießen und umrühren. Den Tee in zwei Becher gießen und servieren.

Ergibt 2 Portionen

KCAL/KJ je Portion	60/250
94 % Kohlenhydrate	15 g
4 % Protein	1 g
2 % Fett	0,1 g
KALZIUM	15 mg
EISEN	in Spuren
NATRIUM	1 mg

DANKSAGUNG

Die Herausgeber danken Irena Hoare und Norma MacMillan für ihre Unterstützung bei der Vorbereitung dieses Bandes.

Das Register wurde von Ian Tucker erstellt.

QUELLENNACHWEIS DER PHOTOS

Alle Photos von Steven Mays, Rebus, Inc.

QUELLENNACHWEIS DER ILLUSTRATIONEN

8: Tammi Colichio, Brian Sisco; 11: David Flaherty; 12: David Flaherty; 14, graphische Darstellung: Brian Sisco; 16: David Flaherty; 17: David Flaherty; 21: Tammi Colichio; 25: Tammi Colichio; 28, Zeichnungen: David Flaherty; graphische Darstellungen: Brian Sisco; 31, Zeichnungen: Tammi Colichio, Tabelle: Brian Sisco; 37: Dana Burns-Pizer; 40–43: Dana Burns-Pizer; 63: Dana Burns-Pizer; 66–67: Dana Burns-Pizer; 95: Dana Burns-Pizer.

Satz: Utesch Satztechnik GmbH, Hamburg
Druck: GEA, Mailand, Italien
Einband: GEP, Cremona, Italien

Register